BIBLIOGRAPHISCHER DIENST STAAT UND RECHT

Herausgeber:
DEUTSCHES INSTITUT FÜR RECHTSWISSENSCHAFT
Potsdam-Babelsberg

Jahrgang 3/1957 — Heft 3
Mai

AKADEMIE-VERLAG · BERLIN

Inhaltsverzeichnis:

A. Bibliographie aus Zeitschriften der Deutschen Demokratischen Republik, der Sowjetunion und der Länder der Volksdemokratie 169

B. Bibliographie aus Zeitschriften der Deutschen Bundesrepublik . . . 195

C. Verzeichnis der Neuerwerbungen der Bibliothek des Deutschen Instituts für Rechtswissenschaft 217

D. Übersetzungen aus der Zeitschrift „Sovetskoe gosudarstvo i pravo" 241

E. Verzeichnis der in der Bibliothek des Deutschen Instituts für Rechtswissenschaft vorhandenen unveröffentlichten Übersetzungen . . . 245

Alphabetisches Sachgruppenverzeichnis 252

Auslieferungen:

Für das Gebiet der Deutschen Demokratischen Republik: LKG-Leipziger Kommissions- und Großbuchhandel, Leipzig C 1, Leninstraße 16

Für das Gebiet der Deutschen Bundesrepublik: KUNST UND WISSEN Inh. Erich Bieber, Stuttgart N, Hospitalstraße 33a

Für das gesamte Ausland: Deutsche Buch-Export und -Import GmbH., Leipzig C 1, Postschließfach 276, oder Akademie-Verlag GmbH., Berlin W 8, Mohrenstraße 39

Bestellungen sind zu richten an eine Buchhandlung oder an die Post

---

Herausgeber und verantwortlich für den Inhalt: Der Direktor des Deutschen Instituts für Rechtswissenschaft. Redaktion: Dr. Renate Bellman und Jochen Dötsch, Potsdam-Babelsberg, Karl-Marx-Straße 2. Verlag: Akademie-Verlag GmbH., Berlin W 8, Mohrenstraße 39, Fernruf: 200386, Postscheckkonto: 35021. Bestell- und Verlags-Nr. dieses Heftes: 1049/3/3. Die Zeitschrift erscheint zweimonatlich. Bezugspreis für den Jahrgang einschließlich Register: DM 22,20; Einzelheft: DM 3,70. Veröffentlicht unter der generellen Druckgenehmigungs-Nr.: Ag 715/57 DDR. Gesamtherstellung: VEB Druckerei „Thomas Müntzer" Bad Langensalza.

A. BIBLIOGRAPHIE AUS ZEITSCHRIFTEN DER DEUTSCHEN DEMOKRATISCHEN REPUBLIK DER SOWJETUNION UND DEN LÄNDERN DER VOLKSDEMOKRATIE

Diese Bibliographie enthält eine Auswahl einschlägiger Artikel aus folgenden Zeitschriften: 1)

a) Deutschsprachige Zeitschriften

Ahdl.	= Der Außenhandel, Berlin 1957,H.3-7
Arb.	= Die Arbeit, Berlin 1957,H.2
ArbR	= Arbeitsrecht, Zeitschrift für Theorie und Praxis, Berlin 1957,H.2-3
Aufb.	= Aufbau (Kulturpolitische Monatsschrift), Berlin 1957,H.1-2
A.u.S.	= Arbeit und Sozialfürsorge, Berlin 1957,H.4-7
Ber.Dt.Wirtsch.Inst.	= Berichte des Deutschen Wirtschaftsinstituts, Berlin 1956,H.19,21-24 1957,H.1-2
ddz	= Dokumentation der Zeit, Berlin 1957,H.135-139
Dem.Aufb.	= Demokratischer Aufbau, Berlin 1957,H.3-6
DFW	= Deutsche Finanzwirtschaft, Berlin 1957,H.3-7
Dt.Auss.pol.	= Deutsche Außenpolitik, Berlin 1957,H.2
Dt.Ldwi.	= Die Deutsche Landwirtschaft, Berlin ... 1957,H.3-4
Einh.	= Einheit, Berlin 1957,H.1-3
EuV	= Erfindungs-und Vorschlagswesen, Berlin .1957,H.4-6
Grds.Fr.KG	= Grundsätzliche Fragen der Konsumgenossenschaften, Berlin 1956,H.11/12 1957,H.1
Hswesen	= Das Hochschulwesen, Berlin 1957,H.1-3
Jug.Heimerz.	= Zeitschrift für Jugendhilfe und Heimerziehung, Berlin 1957,H.1-3
NJ	= Neue Justiz, Berlin 1956,Sonderheft 1957,H.3-6
N.Weg	= Neuer Weg, Berlin 1957,H.3-6
N.Zeit	= Neue Zeit, Moskau 1957,H.4-11
RID	= Rechtswissenschaftlicher Informationsdienst, Berlin 1957,H.5-6
Schöffe	= Der Schöffe, Berlin 1957,H.2-3
Sov.Wiss.(GB)	= Sowjetwissenschaft(Gesellschaftswiss. Beiträge), Berlin 1957,H.2

St R,	= Staat und Recht, Berlin	1957,H.2
Stat.Prax.	= Statistische Praxis, Berlin	1957,H.2-3
Vpol.	= Die Volkspolizei, Berlin	1957,H.3
Weltb.	= Die Weltbühne, Berlin	1957,H.5-13
WGBew.	= Die Weltgewerkschaftsbewegung, Berlin .	1957,H.1
Wirtsch.Wiss.	= Wirtschaftswissenschaft, Berlin	1957,H.1
Wiss.Ann.	= Wissenschaftliche Annalen, Berlin	1957,H.2-3
WZ Jena (GR)	= Wissenschaftliche Zeitschrift der Friedrich-Schiller-Universität Jena (Ges.u.Sprachwiss.R.)	1956/57,H.1/2
Zs.Gesch.Wiss.	= Zeitschrift für Geschichtswissenschaft, Berlin	1957,H.2

b) Fremdsprachige Zeitschriften

J.N.	= Justitia Nouá (Neue Justiz), Bukarest .	1956,H.7-8
	Kommunist, Moskau	1957,H.1-3
	Lupta de Clasa (Der Klassenkampf), Bukarest	1956,H.12 1957,H.1-2
Mežd.žizn	= Meždunarodnaja žizn (Das internationale Leben), Moskau	1957,H.2-3
	Nová mysl (Neuer Geist), Prag	1957,H.1-3
	Nowe Drogi (Neue Wege), Warschau	1956,H.10-12 1957,H.1-3
N.P.	= Nowe Prawo (Neues Recht), Warschau	1956,H.11-12 1957,H.1-2
P.i.P.	= Państwo i Prawo (Staat und Recht), Warschau	1956,H.11-12 1957,H.1
Pr.	= Pravnik (Der Jurist), Prag	1956,H.6-10 1957,H.1-2
Pr.obz.	= Právny obzor (Juristische Rundschau), Bratislava	1957,H.1-2
Pr.štúdie	= Právnické štúdie (Juristische Studien), Bratislava	1956,H.4
Soc.pravo	= Socialističesko pravo (Sozialistisches Recht), Sofia	1956,H.9-10 1957,H.1
Soc.zák.	= Socialistická zákonnost (Die sozialistische Gesetzlichkeit), Prag	1956,H.9 1957,H.1
	Soudce z lidu (Der Volksrichter), Prag	1956,H.11-12 1957,H.1-2
Sov.gos.pravo	= Sovetskoe gosudarstvo i pravo (Sowjetstaat und Sowjetrecht), Moskau	1956,H.10 1957,H.1-2

Sov.profs.	= Sovjetskie profsojuzy (Die Gewerkschaften), Moskau	1956,H.8-12 1957,H.1
Vopr.ekon.	= Voprosy ekonomiki(Fragen der Ökonomie), Moskau	1956,H.11-12
Vopr.ist.	= Voprosy istorii (Fragen der Geschichte), Moskau	1956,H.12 1957,H.1

1) Die hier aufgeführten Hefte sind gemäß der Benutzungsordnung der Bibliothek des Deutschen Instituts für Rechtswissenschaft bedingt ausleihfähig.

1.Marxismus-Leninismus [1)]

Citovič, Ja.I.(Zitowitsch,Ja.I.): W.I.Lenin auf dem III.Weltkongress der Kommunistischen Internationale.(Vopr.ist.,1957,H.1,S.3-19)

Klein,M.: Über das Wesen und die gesellschaftliche Funktion der sozialistischen Moral.(Fortsetzung). (Einh.,1957,H.1, S.57-66)

Lupu,N.;N.Cretu: Der V.Kongreß der Kommunistischen Partei Rumäniens sowie einige Probleme der revolutionären Taktik. (Lupta de Clasa, 1956, H.12,S.32-39)

Mewis,K.: Gedanken und Erfahrungen zum Leninschen Prinzip der Kollektivität der Leitung.(Einh.,1957,H.1, S.48-56)

Pomelov, I.: Die Entwicklung des Sozialismus und der proletarische Internationalismus. (Kommunist,1957, H.1, S.15-30)

2.Rechtswissenschaft (Aufgaben und Methoden)

Bianchi,L.: Zum Stand der Rechtswissenschaft in der Slowakei. (Pr.obz.1957, H.1, S.3-5)

Kozlowski, K.: Über den praktischen und theoretischen Charakter der Rechtswissenschaften. (P.i P.,1957, H.1, S.102-107)

3.Staats-und Rechtstheorie

Farber,I.E.: Zur Frage des Rechtsbegriffs. (Sov.gos.pravo,1957, H.1, S.38-49)

Galesnik, L.S.: Über die Probleme des Systems des Sowjetrechts. (Sov.gos.pravo, 1957, H.2, S.108-115)

1) Die nach der Fundstelle eines Artikels angegebenen Zahlen verweisen auf die Bedeutung dieses Artikels auch für andere Fachgebiete entsprechend der hier zugrundegelegten Systematik.

Gurvič,G.S.(Gurwitsch,G.S.): Über die Eroberung der Mehrheit im Parlament durch die Vertreter der werktätigen Massen. (Sov.gos.pravo,1956, H.6;deutsch: Sov.Wiss.(GB),1957,H.2, S.166-179) 7

Lakatoš, M.: Zur Frage der Durchsetzung der marxistisch-leninistischen Anschauungen über den Staat und das Recht in der tschechoslowakischen Arbeiterbewegung. (Pr.,1956,H.6, S.504-519)

Lakatoš,M.: Zur Frage der politischen Normen im sozialistischen Staat. (Zum Artikel von R.N. Foustka in Pr.1956,H.2,) (Pr.,1956, H.7, S.643-647)

Maneli,M.: Der Begriff der Funktion des Staates.(P.i P.,1957,H.1, S.10-28) 7

Man'kovskij,B.S.: Die Festigung der sozialistischen Gesetzlichkeit in der Volksrepublik Bulgarien und einige Fragen der Theorie des Rechts. (Soc.pravo, 1956, H.10, S.1-19)

Piórkowski,J.: Die Souveränität - eine reale und bekannte Sache (Bemerkungen, Wahrnehmungen und Reflexe). (Nowe Drogi,1956, H.11/12, S.118-123) 6,7

Stal'gevič,A.K.(Stalgewitsch,A.K.): Einige Fragen der Theorie der sozialistischen Rechtsverhältnisse. (Sov.gos.pravo, 1957,H.2, S.23-32)

Ulbricht,W.: Über die Entwicklung der volksdemokratischen Ordnung und die Lehre Lenins über die Partei neuen Typus in der Gegenwart. (N.Weg, 1957,H.4, S.194-198)

Vil'njanskij, S.I.(Wilnjanski,S.I.): Zur Frage des Systems des Sowjetrechts. (Sov.gos.pravo, 1957,H.1, S.102-109)

4.Geschichte der Staats-und Rechtstheorie

Cornu,A.: Fortschritt und Reaktion in der Hegelschen Philosophie. (Wiss.Ann.,1957, H.3, S.205-210)

Kazarin, A.I.: Geschichte der politischen Theorien. Moskau 1955. 770 S. (Rez.). (Vopr.ist.,1956, H.8;deutsch: Sov.Wiss.(GB), 1957, H.2, S.215-229)

Ojzerman,T.: Das moderne Gesicht der mittelalterlichen Scholastik. (Kommunist,1957, H.1, S.88-101)

Aus dem Rechtsinstitut bei der Akademie der Wissenschaften der UdSSR. Diskussion über das Lehrbuch "Geschichte der politischen Lehren". (Sov.gos.pravo, 1957,H.2, S.121-123)

Skripilev,E.A.: Die rechtlichen Anschauungen G.W.Plechanows. (Zu seinem 100.Geburtstage). (Sov.gos.pravo, 1956,H.10,S.17-27)

Strunnikov,V.N.(Strunnikow,W.N.): Die Kritik am bürgerlichen Staat und Recht durch die revolutionären russischen Demokraten des 19. Jahrhunderts. (Sov.gos.pravo, 1956, H.10, S.55-65)

5.Staats-und Rechtsgeschichte

Boura,F.: B.Franklin im revolutionären Kampf um die amerikanische Unabhängigkeit. (Pr.,1956, H.10, S.987-998)

Fedorov,A.;G.Favstov (Fedorow,A.;G.Fawstow): Die bürgerlich-demokratische Februarrevolution von 1917. (Kommunist,1957, H.3, S.100-112)

Heitz,G.: Zur Diskussion über Gutsherrschaft und Bauernlegen in Mecklenburg. (Zs.Gesch.Wiss.,1957, H.2, S.278-296)

Hintze, P.: Zur Frage des Charakters der Arbeiter-und Soldatenräte in der Novemberrevolution 1918, dargestellt am Beispiel der Räte in Mecklenburg. (Zs.Gesch.Wiss.,1957, H.2, S.264-277)

Leibbrand,R.: Zur Diskussion über den Charakter der Novemberrevolution. (Einh.,1957, H.1, S.102-108)

Šelike,V.F.(Schelike,W.F.): Über einige Probleme der Revolution von 1918-1919 in Deutschland. (Vopr.ist.,1956, H.12, S.65-71)

Stöbe,H.: Die Unterwerfung Norddeutschlands durch die Merowinger und die Lehre von der sächsischen Eroberung. (WZ Jena (GR),1956/57, H.1/2, S.153-190)

6.Völkerrecht und Außenpolitik

Das zentrale internationale Problem.(Zur Frage der Abrüstung). (Mežd.žizn, 1957, H.2, S.55-59)

Die bewaffnete Aggression gegen Ägypten - eine grobe Verletzung des Völkerrechts. (Sov.gos.pravo, 1956,H.10, S.10-16)

Arkadev,N.(Arkadjew,M.): Kernwaffe und Völkerrecht.(N.Zeit, 1957, H.4, S.10-12)

Zur Gründung der internationalen Agentur für Atomenergie. (Mežd.žizn, 1957, H.3, S.146-158)

Auszüge aus der außenpolitischen Debatte des Bundestages am 31.Jan. 1957. (ddz,1957, H.138, S.21-35)

Aust,H.W.: "Politik der Stärke" untergräbt Englands Großmachtstellung. (Dt.Auss.pol.,1957, H.2, S.137-142)

Berti,G.: Die Beziehungen zwischen Rußland und den italienischen Staaten (vom Ende des 18.Jahrhunderts bis zum Jahre 1860). (Vopr.ist.,1956, H.12, S.52-64) 5

Blagorodov, G.: Die amerikanische "Hilfe" und ihre Ziele. (Mezd.zizn, 1957, H.3, S.35-43)

Bočkarev,J.(Botschkarjow,J.): Das Doppelspiel der USA-Diplomatie. (N.Zeit, 1957, H.11, S.14-15)

Bogdanov, O.V.(Bogdanow,O.W.): Die Immunität der Mitarbeiter der internationalen Organisationen im gegenwärtigen Völkerrecht. (Sov.gos.pravo,1956,H.4, S.116-121; deutsch: RID,1957,H.6, Sp.166-174)

Bonsdorff,G.von: Die Zusammenarbeit der Länder des Nordens. (N.Zeit, 1957, H.10, S.6-8)

Bramson,A.: Die Konferenz der Vereinigung für Völkerrecht. (P.i P.,1956,H.11, S.904-909)

Brill,E.: Euratom und Gemeinsamer Markt.(Weltb.,1957, H.11,S.321-324)

Bystrický,R.: Studien aus dem Völkerrecht,Bd.I. Prag 1955.(Rez.). (Pr.,1956,H.7, S.654-665)

Čelnokov,I.(Tschelnokow,I.): Die Europäische Vereinigung Kohle und Stahl. (Mežd.žizn, 1957,H.2, S.95-104)

Chmel'nickaja,E.: Neue Anwärter auf die Kolonialherrschaft. (Mežd.zizn, 1957, H.3, S.69-76)

Durdenevskij, V.N.(Durdenjewskij,W.N.): Zur Frage der Vorbehalte in internationalen Verträgen. (Sov.gos.pravo,1956,H.4, S.97-100; deutsch: RID, 1957,H.6, Sp.163-166)

Durdenevskij,V.N.(Durdenewskij,W.N.): Die Konzession und die Konvention des Suez-Kanals in der Vergangenheit und in der Gegenwart. (Sov.gos.pravo, 1956,H.10, S.28-37)

Der aussenpolitische Kurs der USA und die "Eisenhower-Doktrin". (Mežd.žizn, 1957,H.2, S.60-85)

Fedoseev,P.(Fedosejew,P.): Die soziologischen Theorien und die Außenpolitik des Imperialismus. (Mežd.žizn, 1957, H.3, S.8-18) 3

Gabrovski,T.: Die juristischen Probleme des Luftraumes.(Soc.pravo, 1956,H.9, S.61-66)

Zur Frage des Gemeinsamen Markts. (N.Zeit,1957, H.11,S.18-21)

Georgiu,V.: Die Türkei im Schlepptau der Westmächte. (Dt.Auss.pol.,1957, H.2, S.152-160)

Hendrych, J.: Zu den Ergebnissen der tschechpslowakisch-sowjetischen Verhandlungen in Moskau. (Nová mysl,1957, H.3, S.217-224)

Jahoda,L.;M.Milde: Die "Suezkrise" und das Völkerrecht.(Pr.,1956, H.9, S.890-894)

Ivanov,F.(Iwanow,F.): Der Internationale Gerichtshof über den internationalen Status Südwestafrikas. (Sov.gos.pravo,1956,H.8, S.73-81; deutsch: RID,1957,H.6, Sp.175-183)

Ivanov,K.(Iwanow,K.): Die Methoden des "geheimen Krieges". (Mežd.žizn,1957,H.2, S.86-94)

Kiermeier,H.: Die UNESCO ohne China und DDR. (Dt.Auss.pol.,1957, H.2, S.131-137)

Klonowiecki,W.: Über Fragen des Luftrechts.(P.i P.,1957,H.1, S.135-144)

Kopal,V.;I.Mrázek: Die Bedeutung und die Ergebnisse der X.Vollversammlung der UN. (Pr.,1956,H.7, S.592-613)

Kopal,V.: Bericht über die Diskussionen zu den Problemen der kollektiven Sicherheit. (Pr.,1956,H.8, S.767-775)

Kopal,V.: Die 2.gesamtstaatliche Völkerrechts-Konferenz.(Pr.,1956, H.6, S.560-572)

Korovin,J.: Eisenhower-Doktrin und Völkerrecht.(N.Zeit,1957,H.5, S.11-13)

Krone,K.: Die Rolle der sozialistischen Staaten in den Wirtschaftsorganisationen der Vereinten Nationen im Kampf um den Ost-West-Handel. (Wirtsch.Wiss.,1957,H.1, S.1-13)

Libera, K.: Über die Rechtsgültigkeit der konsularischen Privilegien und Immunitäten. (P.i P.,1957,H.1, S.87-101)

Madzoevskij,S.(Madsojewskij,S.):England und die "Eisenhower-Doktrin". (Mezd.zizn,1957, H.3, S.61-68)

Mai,M.: Die Eisenhower-Doktrin im Lichte des Völkerrechts. Zugleich eine Betrachtung der Rechtsgrundlagen der kollektiven Sicherheit. (NJ, 1957, H.6, S.161-163)

Michal,V.: Das Münchener Abkommen in der gegenwärtigen bürgerlichen Literatur Westdeutschlands. (Pr.,1956,H.6, S.550-560) 5

Miller,M.: Was verbirgt sich hinter dem Saarabkommen der deutschen und französischen Imperialisten? (Einh.,1957, H.1, S.109-113)

Molčanov,N.(Moltschanow,N.): Das Schlagwort vom "gemeinsamen Markt". (N.Zeit, 1957,H.5, S.6-9)

Die Moskauer Verhandlungen. (Verhandlungen zwischen einer Regierungsdelegation der DDR u.der UdSSR vom 3.-8.1.1957 in Moskau. (Dt.Auss.pol.,1957,H.2, S.105-109)

Mrázek,I.: Die Änderung internationaler Verträge, speziell ihre Revision. (Pr.,1957, H.2, S.148-165)

Oder-Neiße-Friedensgrenze unantastbar. (Erklärungen des Aussenministeriums der DDR und der Volksrepublik Polen. (ddz,1957,H.138, S.35-38)

Orlov,I.: Die 11. UN-Vollversammlungstagung. (N.Zeit, 1957,H.11, S.7-9)

Pereterskij, I.S.: Der Begriff der Garantie im Völkerrecht. (Sov.gos.pravo,1956, H.9, S.45-54; deutsch: RID,1957, H.6, Sp.153-162)

Pokštefl,J.: Der XX.Parteitag der KPdSU und einige Fragen der internationalen Beziehungen und des Völkerrechts.(Pr.,1956,H.7, S.581-591)

Potočný,M.: Das Völkerrecht und die fünf Prinzipien der friedlichen Koexistenz. (Pr.,1957,H.1, S.57-69)

Schneider,F.: Die rechtlichen Beziehungen zwischen der Internationalen Arbeitsorganisation und der Organisation der Vereinten Nationen. (Arb R,1957,H.3, S.59-61) 19

Šekchar,Č.(Schekchar,Tsch.): Der Kolonialismus in Asien und Afrika. (Mežd.žizn, 1957,H.2, S.19-27)

Šepilov,D.T.(Schepilow,D.T.): Fragen der internationalen Lage und der sowjetischen Außenpolitik. (N.Zeit, 1957, H.8 (Beil).,S.1-23)

Serbov, S.: Die 8.Tagung der Kommission für Völkerrecht. (Sov.gos.pravo, 1956, H.10, S.121-123)

Skalsky,Z.;D.Fedor: Die völkerrechtliche Regelung des Luftraums und die Souveränität der Staaten. (Pr.,1956,H.8, S.702-714)

Sofinskij,V.;Ju.Smirnov(Sofinskij,W.;Ju.Smienow): Die SEATO - ein Instrument der Kolonialpolitik. (Mežd.žizn,1957, H.3, S.87-93)

Sokolov,A.: Von der Truman-Doktrin zur Eisenhower-Doktrin. (N.Zeit, 1957, H.4, S.3-7)

Gemeinsame sowjetisch-chinesische Erklärung. (N.Zeit, 1957, H.4, S.36-40)

Sowjetisch-finnisches Kommuniqué. (N.Zeit,1957, H.6, S.47-48)

Gemeinsame sowjetisch-tschechoslowakische Erklärung. (N.Zeit,1957, H.6, S.37-43)

Velecký, Z.: Einige völkerrechtliche Probleme, die mit der Schaffung der internationalen Agentur für Atomenergie zusammenhängen. (Pr.,1956,H.6, S.485-503)

Volčkov,A.F.;A.I.Poltorak(Woltschkow,A.F.): Die Prinzipien des Nürnberger Urteils und das Völkerrecht. (Sov.gos.pravo, 1957,H.1, S.27-37)

Verhandlungen zwischen der DDR und der Volksrepublik China in Moskau (7.u.8.Januar 1957). (ddz,1957, H.135,Sp.13-14)

Voss,H.: Die Perspektiven der NATO-Politik. (Dt.Auss.pol.,1957, H.2, S.122-126)

7.Staatsrecht

Aleksandrov, V.: Die innerpolitische Entwicklung der Deutschen Bundesrepublik und die Probleme ihrer Aussenpolitik.(Mežd.žizn, 1957, H.2, S.28-36) 6

Altman,J.;W.Góralczyk: Die Nationalisierung der Suezkanalgesellschaft rechtlich gesehen. (P.i P.,1956,H.11, S.792-806) 6

Bertelmann,K.: Die ständigen Kommissionen der Nationalausschüsse. (Pr.,1957, H.1, S.1-15)

Bertsch,H.: Unerlöstes Irland. (Dt.Auss.pol.,1957, H.2, S.143-148)

Bočkarjov,J.(Botschkarjow,J.): Die politische Situation in Syrien. (N.Zeit, 1957, H.6, S.17-19)

Bydžovský,L.: Fragen und Probleme der Gesetzgebungsarbeit. (Pr.,1956,H.7, S.613-622)

Bystřina,I.: Gegen die dogmatische Auslegung der Entstehung der volksdemokratischen Ordnung in der ČSR. (Nová masl, 1957, H.2, S. 147-157)

Bystřina,I.;M.Lakatoš: Mehr Aufmerksamkeit für unsere Gesetzgebung! (Pr.,1956,H.8, S.677-692) 3

Dallmann,S.: Zur Annahme der Gesetze über die örtlichen Organe der Staatsmacht und die Rechte und Pflichten der Volkskammer gegenüber den örtlichen Volksvertretungen. (Dem.Aufb.,1957, H.3, S.51-52)

Der VIII.Bundesparteitag der FDP.(24.bis 26.Januar 1957)(ddz,1957, H.137, S.31-36)

Foustka, R.: Zur Frage der Entstehung der tschechoslowakischen Volksdemokratie. (Nová mysl,1957, H.3, S.271-277)

Gerškovič, L.: Die Grundlagen der Staatsordnung in Jugoslawien. (P.i P.,1956,H.12, S.985-1001)

Grajewska,I.: Die Frage der Verantwortlichkeit des Deputierten gegenüber den Wählern in Frankreich. (P.i P.,1956,H.11, S.776-791)

Gwizdz,A.: Das Interpellationsrecht des Sejmabgeordneten. (P.i P.,1956,H.11, S.757-775)

Hauriou,A.: Gegen das geplante Verbot der KP Saar.(Rechtsgutachten von Prof.A.Hauriou, Paris) (ddz,1957,H.138, S.71-79)

Huppert,H.: Štimmlistenanlageblätter.(Zur Neuwahl des Staatspräsidenten in Österreich).(Weltb.,1957,H.6, S.175-180)

Ignatenko,G.V.: Der Nationale Volkskongress - das höchste Organ der Staatsgewalt der Volksrepublik China.(Sov.gos.pravo, 1957,H.2, S.61-72)

Kegel,G.: Gedanken zur Wiedervereinigung. (Dt.Auss.pol.,1957,H.2, S.110-121)

Klokočka,V.: Die Entwicklung der Wahlordnungen für die französische Nationalversammlung. (Pr.,1956,H.10, S.935-953)

Kocna, A.: Der Umfang der zeitlichen Gültigkeit des Rechts der übergeordneten Organe zur Aufhebung oder Änderung unrichtiger Entscheidungen und Maßnahmen nach dem Gesetz über die Nationalausschüsse. (Pr.obz.1957, H.1, S.55-59)

Kolomaznik,V.: Die Methoden und Organisationsformen der Arbeit der Nationalausschüsse. (Pr.,1956, H.9, S.816-834)

KPD wendet sich an die Europäische Kommission für Menschenrechte. (ddz, 1957,H.139, S.35-44) 6

Kravčuk,S.S.(Krawtschuk,S.S.): Die staatsrechtlichen Verhältnisse im sozialistischen Sowjetstaat.(Sov.gos.pravo, 1956,H.10,S.95-105)

Kröger,H.: Bremer Richter gegen Rechtsbruch des Bundesverfassungsgerichts. (NJ, 1957,H.3, S.82-84)

Kučera,E.: Über das autonome Gebilde im bürgerlichen Staat.(Pr., 1956, H.10, S.917-934)

Laco,K.: Die politische und verfassungsmäßige Entwicklung der Chinesischen Volksrepublik bis zur Annahme der Verfassung der Chinesischen Volksrepublik im Jahre 1954. (Pr.štúdie,1956,H.4, S.545-597)

Lunc,L.A.(Lunz,L.A.): Die Nationalisierung der Suezkanalgesellschaft ist ein souveränes Recht Ägyptens. (Sov.gos.pravo, 1957, H.2,S.82-89) 6

Die Vorbereitungen der Wahlen zu den Nationalausschüssen. (Nová mysl, 1957, H.2, S.110-115)

Olteánu,O.: Die Regelung der Staatsbürgerschaft in der Volksrepublik Rumänien. (N.J.1956,H.8, S.1354-1360)

Pritt,D.: "Bürgerrechte" in den britischen Kolonien.(Mežd.žizn,1957, H.3, S.26-34) 6

Rösner, G.: Professor Dr.Zweigert: Verbot der KPD unzweckmäßig. (NJ,1957,H.3, S.85-86)

Rozmaryn,S.: Über die Änderungen im Wahlrecht der Volksrepublik Polen. (P.i P.,1956, H.12, S.965-984)

Die Eingliederung des Saarlandes in die Bundesrepublik.(ddz,1957, H.135, Sp.29-47) 6

Ein Sejm nach unseren Wünschen. (Nowe Drogi,1957, H.1, S.33-38)

Severin,P.: Die territorialen Verschiebungen in der amerikanischen Wirtschaft und ihre Auswirkungen im politischen Leben der USA. (Nová mysl, 1957,H.3, S.248-270)

Smoktunowicz, E.: Zur Frage des gesetzlichen Charakters der Blockausschüsse. (P.i.P.,1956, H.11, S.826-840) 9

Sobolewski,M.: Aus der Problematik des sozialistischen Parlamentarismus.(P.i P.,1956,H.12, S.949-964)

Toeplitz,H.: Weitere Demokratisierung. (NJ,1957, H.3, S.65-69)

Die Verfassung der UdSSR und die weitere Festigung der sozialistischen Gesetzlichkeit. (Sov.gos.právo, 1956,H.10, S.3-9)

Wagner,A.: Einige Bemerkungen zur Verfassung der Pakistanischen Islamischen Republik. (Pr.,1957, H.1, S.69-75)

Der reale Demokratismus des Wahlsystems der Volksrepublik Rumänien. (N.J.1956, H.8, S.1347-1353)

DGB-Führung und Wiedervereinigung. (Arb.,1957,H.2, S.1-4) 19

8.Gerichtsverfassung(einschließlich Staatsanwaltschaft, Justizverwaltung,Notariat und Anwaltschaft)

Bičovský, J.: Ein Beitrag zur Einführung neuer Arbeitsmethoden bei den Gerichten.(Soudce z lidu,1957, H.1-2, S.1-4)

Bratus',S.N.;A.N.Mišutin;N.K.Morozov(A.N.Mischutin;N.K.Morosow): Einige Fragen der Struktur und der Formen der Tätigkeit der Justizorgane der Volksrepublik China. (Sov.gos.pravo, 1957,H.2, S.53-60)

Čilikov,K.(Tschilikow,K.): Die Rolle und die Stellung der Rechtsanwaltschaft in unserer Rechtsprechung.(Soc.pravo, 1956,H.9,S.45-53)

Gross,St.: Hauptprobleme der Gerichtsverfassung.(N.P.1957, H.1, S.4-9)

Kerimov,D.A.: Zuständigkeit und Struktur des Obersten Gerichts der UdSSR. (NJ,1957, H.6, S.164-165)

Kleniewski,W.: Ein zusätzlicher Richter und Schöffe oder ein erweitertes rechtsprechendes Kollegium. (N.P.,1957, H.2, S.59-62)

Ludwicki,R.;E.Merz: Niedergang oder Aufstieg der Schöffengerichte? (Zwei Diskussionsbeiträge). (N.P.,1956,H.11/12, S.101-107)

Ostroumov,S.S.: Über die Gerichtsstatistik. (Sov.gos.pravo,1957, H.1, S.60-68)

Perlov, I.D.: Die Reform der Gerichtsverwaltung in der UdSSR muss zu Ende geführt werden. (Sov.gos.pravo, 1957,H.1, S.13-26)

Pipek,J.: Das neue Gesetz über die Staatsanwaltschaft.(Soc.zák., 1957, H.1, S.6-24)

Das neue Gesetz über die Staatsanwaltschaft. (Soudce z lidu,1957, H.1-2, S.28-30)

9.Verwaltungsrecht und Allgemeine Aufsicht des Staatsanwalts

Abramova,A.A.;E.I.Vojlenko(Abramowa,A.A.;E.I.Wojlenko): Die rechtlichen Fragen der Kaderauswahl, die auf dem Wege des Wettbewerbs vorgenommen wird. (Sov.gos.pravo, 1957, H.1, S.74-82) 19

Bar,L.;J.Stembrowicz: Über die Notwendigkeit der gerichtlichen Kontrolle der Verwaltung. (P.i P.,1957,H.1, S.108-119)

Barth,P.: Der Tätigkeit der LPG-Beiträge mehr Beachtung schenken. (Dem.Aufb.,1957,H.3, S.66-67) 16

Baumann,Z.: Einige theoretische Bemerkungen zum Prinzip des demokratischen Zentralismus. (Nowe Drogi,1957, H.3, S.91-102)

Bergmann,H.: Über die Stellung der Haus- und Straßenvertrauensleute. (Dem.Aufb.,1957, H.6, S.130-132)

Dawidowicz,W.: Zur Frage der Verwaltungsgerichtsbarkeit.(P.i P., 1956, H.12, S.1041-1048) 8

Friedrich,K.: Zum Rechtscharakter der Heimkosteneinziehung. (Jug.Heimerz.,1957, H.3, S.105-108)

Georgescu,E.: Der Protest - ein wichtiges Mittel des Einspruchs des Staatsanwalts auf dem Wege der allgemeinen Aufsicht im Falle von Rechtsverletzungen. (J.N.1956, H.8, S.1361-1369)

Georgievskij,B.I.;J.A.Korf(Georgijewskij,V.I.): Für eine weitere Ausdehnung der Rechte der Betriebsdirektoren. (Sov.gos.pravo,1956, H.10, S.66-75) 19

Haim, C.: Die Rolle und die Aufgaben der Vormundschaftsorgane. (J.N. 1956, H.8, S.1370-1393) 17

Kalecki,M.: Die Arbeiterräte und die zentrale Planung.(Nowe Drogi, 1956, H.11/12, S.38-45) 19

Keiner,G.: Über die Zusammenarbeit der Staatlichen Notariate mit den Organen der staatlichen Verwaltung.(Dem.Aufb.,1957, H.6, S.140-143) 8

Lerche,K.;H.Schopf: Bemerkungen zu einigen Problemen des Vorschlags- und Beschwerderechts. (Dem.Aufb.,1957, H.3, S.69-70)

Leymann,E.: Zur Anwendung der Ordnungsstrafe nach § 33 FGG. (Jug.Heimerz.,1957, H.3, S.98-104)

Melzer,H.;E.Lipfert: Festigt die Zusammenarbeit zwischen den staatlichen Organen in den Gemeinden und den LPG. (Dem.Aufb.,1957, H.4, S.75-78) 16

Naumann,M.: Die Verantwortlichkeit der Räte der Gemeinden gegenüber den LPG stärken. (Dem.Aufb.,1957, H.4, S.79-81) 16

Petrov,G.I.: Die Stellung des Verwaltungsrechts im System des Sowjetrechts. (Sov.gos.pravo, 1957, H.1, S.91-101) 3

Poppe,E.: Die Aufrechterhaltung der öffentlichen Ordnung ist eine Aufgabe der örtlichen Volksvertretungen und der Volkspolizei. (Dem.Aufb.,1957, H.5, S.117-118)

Seigewasser,H.: Formen und Methoden der Zusammenarbeit zwischen Staatsorganen und Organen der Nationalen Front.(Dem.Aufb.,1957, H.5, S.99-101) 7

Stajnov, P.: Die Frage der gerichtlichen Aufsicht und der Aufsicht der Staatsanwaltschaft auf dem Gebiet der staatlichen Verwaltung in Auswertung des XX.Parteitages der KPdSU und der letzten Plenartagungen des ZK der Kommunistischen Partei Bulgariens. (Soc.pravo, 1956, H.9, S.1-17) 8

Stov,S.: Der Hinweis des Staatsanwalts als Akt seiner Tätigkeit auf dem Gebiet der allgemeinen Aufsicht. (Soc.pravo, 1957, H.1, S. 19-23)

Streit,H.: Die Bedeutung der staatlichen Erfassung und des Aufkaufs landwirtschaftlicher Erzeugnisse. (Einh.,1957, H.1, S.39-47)

Švestka,J.: Einige Betrachtungen über die Verantwortlichkeit für Schäden, die durch unrichtiges Vorgehen bei Amtshandlungen verursacht wurden (§ 346 ZGB). (Pr.,1956, H.8, S.714-727) 5

Volkov,A.I.(Wolkow,A.I.): A.A.Ruskol, N.G.Sališčeva, Die rechtliche Stellung der Maschinen- Traktoren- Stationen und der Charakter ihrer vertraglichen Verhältnisse mit den Kollektivwirtschaften.[Rez.] (Sov.gos.pravo, 1956, H.10, S.136-140) 16

Die bisherigen Ergebnisse über Veränderungen in der Planung und der Finanzwirtschaft in der volkseigenen örtlichen Industrie. (DFW, 1957, H.6, Ausg."Finanzen u.Buchführung" S.167-169) 10

Zielke,G.: Die Verantwortlichkeit der örtlichen Organe für die Entwicklung der LPG. (Dem.Aufb.,1957, H.3, S.63-66) 16

Zienert,H.: Zu den Aufgaben und Rechten der Städte bei der Entwicklung der sozialistischen Kommunalpolitik. (Dem.Aufb.,1957,H.4, S.88-90)

10.Finanzrecht

Baum, H.: Die Hauptaufgaben der Preispolitik beim Aufbau des Sozialismus in der DDR. (DFW,1957, H.6, S.90-91; H.7, S.105-107)

Blažek,B.;V.Toms: Einige Fragen der Verwaltung von Depositen. (Soc.zák.,1957, H.1, S.41-47)

Böhmer,M.: Das Nationaleinkommen Westdeutschlands von 1950 bis 1955 und seine Inanspruchnahme für die Militarisierung.(DFW,1957,H.3, S.41-43) 7

Die neue Methode der Erfassung und Sicherung des Volkseigentums im Bereich der staatlichen Verwaltungen und Einrichtungen. (DFW,1957,H.6,Ausg."Staatshaushalt" S.181-185; H.7,S.219-223) (Fortsetzung). 9

Graumann,W.: Thesen zu einer neuen Staatshaushaltsordnung.(DFW,1957, H.6, Ausg."Staatshaushalt" S.172-173)

Gunstheim,I.: Betrachtungen und Vorschläge zum Teilzahlungsverfahren. (DFW, 1957,H.6, Ausg."Geld und Kredit" S.167-169) 13

Klabunde,H.: Für die Investitionspolitik der örtlichen volkseigenenWirtschaft sind die örtlichen Staatsorgane voll verantwortlich. (DFW, 1957,H.6, Ausg."Finanzen und Buchführung" S.164-166) 9

Linsel,H.: Ein Beitrag zur westdeutschen Inflationsdiskussion. (DFW, 1957, H.7, Ausg."Geld und Kredit/Versicherung" S.200-203)

Nacke,H.: Das Zollabkommen zwischen der DDR und der ČSR dient der Stärkung des sozialistischen Lagers. (Ahdl.,1957, H.3, S.80-81)

Das westdeutsche Nationaleinkommen. (Ber.Dt.Wirtsch.Inst. 1956, H.23/24, S.3-36) 7

Schulz,W.: Über die Ausnutzung des Preises und der Steuern in der Landwirtschaft der DDR. (DFW,1957,H.3, Ausg."Staatshaushalt", S.68-69) 16

Schützenmeister,H.: Die Rechtsgrundlagen und die rechtlichen Voraussetzungen für die Erhebung von Benutzungsgebühren in den Gemeinden. (Dem.Aufb.,1957, H.4, S.90-92)

Spišiak,J.: Die Neuregelung der Finanzierung des Investitionsaufbaues in der ČSR. (Pr.štúdie,1956, H.4, S.598-615)

Vassilev,L.(Wassilew,L.): Das Rechtsregime der internationalen Clearingzahlungen im internationalen Handel zwischen den sozialistischen und kapitalistischen Ländern. (Pr.štúdie,1956,H.4,S.515-544)

Vassilev,L.(Wassilew,L.): Das Rechtssystem der Bankgarantien im Aussenhandel der sozialistischen und kapitalistischen Länder. (Pr.,1957, H.2, S.132-148) 6

Weinrich: Zahlungsbedingungen beim DDR-Export in kapitalistische Länder. (Ahdl.,1957, H.3, S.91-93) 13

Zschüntzsch,F.: Unsere gemeinsamen Anstrengungen beim Aufbau eines sozialistischen Kreditsystems in der DDR. (DFW,1957, H.7,S.98-103)

11.Strafrecht, Strafprozeß

Bărbulescu,I.: Die Verbrechen auf dem Gebiet der Erfassung von Produkten. (.J.N.1956, H.7, S.1161-1166)

Barnick,G.: Die Anwesenheit des Angeklagten in der Hauptverhandlung zweiter Inatanz. (NJ, 1956, Sonderheft, S.786-787)

Zu Fragen des Beweises im Strafprozeß. (Fortsetzung). (Schöffe, 1957, H.3, S.71-75)

Bober,W.: Die Unterbringung Jugendlicher in der Strafanstalt. (N.P.,1957, H.2, S.70-72)

Boura,F.: M.S.Strogovic, Die materielle Wahrheit und die gerichtlichen Beweise im sowjetischen Strafprozeß.Moskau 1955.(Rez.). (Pr.,1956,H.8, S.746-754)

Buchala,K.: Das Verbrechen der Hervorrufung einer Naturkatastrophe und eines Verkehrsunfalls. (P.i P.,1956, H.11,S.855-868)

Buchholz,E.: Einige charakteristische Besonderheiten der Strafzumessungspraxis in politischen Strafsachen in der Deutschen Bundesrepublik. (St R, 1957, H.2, S.168-180)

Buchholz, E.: Entziehung der Fahrerlaubnis wegen schwieriger wirtschaftlicher Verhältnisse? (St R, 1957, H.2, S.213-215)

Cereteli,T.V.;V.G.Makašvili(Zereteli,T.W.;Makaschwili,W.G.): N.D.Durmanov, Das Stadium der Vollendung des Verbrechens nach dem sowjetischen Strafrecht. (Sov.gos.pravo, 1957, H.1, S.128-131)

Cieślak,M.: Das gesellschaftliche Interesse als Voraussetzung für die Anklage des Staatsanwaltes in Privatklagesachen.(P.i P.,1956, H.12, S.1049-1060)

Cieślak, M.: Aus der Problematik der Übergabe an das Gericht (Über das Buch von Prof.Dr.S.Śliwiński). (N.P.,1956,H.11/12, S.81-95)

Cirkl,B.: Zum Begriff des wirtschaftlichen Interesses der Republik (§ 51 Abs.1 StGB). (Soc.zák.,1957, H.1, S.35-38)

Cyprian,T.: Die Gefahr eines übertriebenen Formalismus bei der Kodifizierung der Wirtschaftsverbrechen.(P.i P.,1956,H.11,S.873-875)

Czan'Czi-pyj.;V.E.Čugunov(Zsan Zsi-pyj;W.E.Tschugunow): Die Grundzüge des Strafprozesses der Volksrepublik China.(Sov.gos. pravo, 1957, H.2, S.73-81)

Daszkiewicz,W.: Die Pflichten des Verteidigers und seine persönliche Überzeugung von der Schuld des Angeklagten. (P.i P.,1957,H.1, S.69-86) 8

Deregowski,J.: Einige Bemerkungen über die Rolle und den Inhalt der außerordentlichen Revision im polnischen Strafprozeß.(N.P., 1956, H.11/12, S.152-154)

Drozd,R.: Über die Notwendigkeit einer Verwaltungs-Strafgesetzgebung. (N.P.,1957, H.2, S.54-58) 9

Dumanov,N.;D.Markovski(Dumanow,N.;D.Markowski): Der Erlaß über den Schutz der Landwirtschaft. (Soc.pravo, 1956, H.10, S.36-45) 16

Frenzel,H.: Grenzen der Auslegung von Strafgesetzen.(NJ,1957,H.4, S.109-111)

Gemrich,J.: Die neue Strafprozeßordnung. (Soudce z lidu,1957,H.1-2, S.26-28)

Guensberger,E.;J.Pogády: Zur Frage der gesetzlichen Regelung des der Unzurechnungsfähigkeit nahekommenden Zustandes und des Zustandes der verminderten Zurechnungsfähigkeit. (Pr.obz.,1957,H.2, S.102-107)

Hahn,A.: Verhältnis des § 4 JGG zu § 51 Abs.2 StGB. (NJ,1957,H.5, S.149-150)

Hartisch,H.: Der Begriff des "unabwendbaren Zufalls" i.S.des § 37 StPO. (NJ,1956, Sonderheft, S.773-774)

Hartmann,R.;G.Schwarz: Verbrechen und Klassenkampf. Bericht über eine Tagung der Abteilung Strafrecht des Deutschen Instituts für Rechtswissenschaft. (St R,1957, H.2, S.185-201)

Hatala,V.: Der Eventualvorsatz und die bewußte Fahrlässigkeit nach dem tschechoslowakischen Strafrecht. (Pr.štúdie,1956, H.4,S.616-633)

Herrmann,R.: Fragen des Beweisrechts im Strafverfahren. Bericht über eine Konferenz der Abteilung Prozeßrecht des Deutschen Instituts für Rechtswissenschaft. (St R,1957, H.2, S.202-212)

Husár,E.: Zur Frage des ordentlichen Rechtsmittels gegen die Entscheidung im Strafverfahren der ČSR. (Pr.obz.1957, H.1, S.25-34)

Hinderer,H.: Zur strafrechtlichen Beurteilung im Rauschzustand begangener Handlungen. (St R,1957, H.2, S.154-167)

Husár, E.: Die besonders erschwerenden Umstände im tschechoslowakischen Strafrecht. (Pr.obz.,1957, H.2, S.120-123)

Jahn,G.: Gegen Erscheinungsformen des Liberalismus in der Justiz! (NJ,1957, H.6, S.182-183)

Jakovlev,A.M.(Jakowlew,A.M.): Die Gesamtheit von Verbrechen, die wiederholte Begehung und der Rückfall nach dem sowjetischen Strafrecht. (Sov.gos.pravo, 1956, H.10, S.48-54)

Jakubovič,M.I.(Jakubowitsch,M.I.): Der verstärkte Schutz der Persönlichkeit und die Fragen der Notwehr.(Sov.gos.pravo, 1957,H.2, S.96-103)

Jasiński,J.: Statistisches Material über die Jugendkriminalität in Polen für die Jahre 1950-1954. (N.P.,1956, H.11/12, S.40-53)

Karakašev,V.(Karakaschew,W.): Der ungesetzliche Vorteil im Strafrecht.(Soc.pravo, 1957, H.1, S.24-30)

Kermann,E.: Nochmals zur Frage des Objekts der Hehlerei.(NJ,1957, H.4, S.99-101)

Krüger,G.: Zur Anwendung des § 346 StPO. (NJ, 1957,H.4,S.105-106)

Kruszewska,J.: Die Rechte eines in Untersuchungshaft befindlichen Beschäftigten. (N.P.1957, H.1, S.53-64) 19

Kubec,Z.: Änderungen der Bestimmungen über die Entschädigung für die ungerechtfertigte Verurteilung oder Anklage. (N.P.,1957,H.2, S.63-66)

Kudlík, A.: Zur Frage der matriellen Auffassung der besonders erschwerenden Umstände. (Soc.zák.,1956,H.9, S.545-562)

Kuschel,H.: Bemerkungen zur Tätigkeit der Untersuchungsorgane. (NJ, 1957,H.4, S.102-105)

Lazar,A.: Die Bewertung und die Strafzumessung bei gewissen Verbrechen nach ihrer Gesellschaftsgefährlichkeit.(J.N.1956, H.8, S.1414-1417)

Lipczynska,M.: Der Schutz der Leibesfrucht nach dem Gesetz vom 27.April 1956 und dem Entwurf des Strafgesetzbuches.(N.P.1957,H.1, S.20-27)

Löwenthal,H.: Unmittelbarkeitsprinzip und Protokollverlesungen in der Hauptverhandlung erster Instanz. (NJ,1956, Sonderheft, S.780-782)

Mančev, N.(Mantschew,N.): Das fortgesetzte Verbrechen bei Diebstahl und Aneignung gesellschaftlichen Eigentums.(Soc.pravo,1957, H.1, S.1-13)

Mańkowski, B.: Schuldprobleme im sozialistischen Strafrecht. (P.i P.,1957, H.1, S.29-42)

Nejkov,S.: Zu einigen Fragen der Begutachtung einer Leiche und ihre Bedeutung für die Feststellung der objektiven Wahrheit im Strafprozeß. (Soc.pravo, 1957, H.1, S.31-44) 12

Neumann,H.: Einige Fragen der Verhaftung und vorläufigen Festnahme. (NJ,1956, Sonderheft, S.775-776)

Neumann,H.: Zur strafrechtlichen Verantwortlichkeit Jugendlicher. (NJ, 1957,H.5, S.148-149)

Nezkusil,J.: Zum Problem des sogen.Versuchs am untauglichen Objekt, (Pr.,1956, H.9, S.852-865)

Nikolaev,V.(Nikolajew,W.): Die Überwindung falscher Theorien im Strafrecht - eine wichtige Voraussetzung für die Festigung der sozialistischen Gesetzlichkeit. (Soc.pravo, 1956, H.10, S.1-19)

Novelle zum Strafgesetzbuch und neue Strafprozeßordnung der ČSR. (NJ, 1957,H.3, S.70-72)

Novotný,O.: Zu einigen Fragen der sogen.fortgesetzten Verbrechen und des Verbrechens des Zusammenschlusses. (Pr.,1956, H.6, S.520-532)

Ostmann,H.: Über die Arbeit der Kommission zur Überprüfung der Strafprozeßordnung. (NJ,1956, Sonderheft, S.791-795)

Panajotov,G.: Über die schnelle Durchführung des Untersuchungsverfahrens. (Soc.pravo, 1956, H.9, S.54-60)

Patzer,H.: Die Anrechnung der Untersuchungshaft nach § 335 StPO. (NJ, 1956, Sonderheft, S.787-788)

Pawela,St.: Über die Neuregelung der strafrechtlichen Verantwortlichkeit des Kraftfahrers. (N.P.,1957, H.2, S.37-42)

Pein,G.: Aus der Blickrichtung der Verteidigung. (NJ, 1956,Sonderheft, S.776-777)

Polak,K.: Über Liszts Lehre vom Verbrechen und der Strafe.(NJ,1957, H.3, S.72-73)

Poljanski,N.N.: Die Grundzüge der sowjetischen Strafprozeßwissenschaft. (St R, 1957, H.2, S.105-124)

Přencsil,G.: Über die Änderungen im Allgemeinen Teil des Strafgesetzbuches. (Soudce z lidu, 1957, H.1-2, S.19-22)

Rajčev,P.(Rajtschjew,P.): Einige Fragen des Strafrechts in den Werken Georgi Dimitroffs. (Soc.pravo, 1956, H.10, S.26-35)

Ranke,H.: Urteil oder Beschluß bei offensichtlich unbegründetem Rechtsmittel? (NJ, 1956, Sonderheft, S.784-786)

Reibetanz,H.;K.Richter;K.Flemming: Soll die Strafvollstreckung wieder der Staatsanwaltschaft übertragen werden? (NJ,1956, Sonderheft, S.788-790)

Richter,H.;G.Schwarz: "Verfassungsmäßige Ordnung" ist nicht gleich "verfassungsmäßige Ordnung" (Zu § 90a des westdeutschen StGB) (St R, 1957, H.2, S.216-218)

Rot,H.: Randbemerkungen zur Frage der Richtlinien über die Anwendung des Amnestiegesetzes gegenüber Jugendlichen. (P.i P.,1956, H.11, S.928-931)

Schellenberger,B.: Vertretung des Geschädigten durch einen Rechtsanwalt im zivilrechtlichen Anschlußverfahren. (NJ,1956,Sonderheft, S.782-783)

Schindler,R.;H.W.Heilborn: Voraussetzungen für die Anordnung der Untersuchungshaft. (NJ, 1957,H.6, S.180-182)

Scholz,W.: Zur weiteren Verschärfung des politischen Strafrechts in der Bundesrepublik. (NJ,1957,H.3, S.84-85)

Schubert,L.: Zur Frage der Verhängung der Strafe im Sinne der Bestimmung des § 19 Abs.1 StGB. (Pr.obz.,1957, H.2, S.75-92)

Schüsseler, R.: Charakter und Bedeutung der Ordnungsstrafen im Recht der Deutschen Demokratischen Republik. (St R, 1957,H.2, S.136-153) 9

Schwarz,G.: Der "Militärstatus" des Angeklagten während der Nazizeit als Grundlage für die Strafzumessung in Westdeutschland. (St R,1957, H.2, S.181-184)

Šejnin,Ch.B.(Schejnin,Ch.B.): Die Zivilklage im Strafverfahren. (Sov.gos.pravo, 1956,H.10, S.112-118) 18

Semenov,P.G.: Die Kategorie der unwiderstehlichen Gewalt im Sowjetrecht. (Sov.gos.pravo, 1956, H.10, S.38-47)

Serafin,K.: Soll die obligatorische vorfristige Haftentlassung aufrechterhalten bleiben? (N.P.,1956, H.11/12, S.156-158)

Sesan,A.: Der kriminelle Charakter gewisser Handlungen auf dem Gebiet der Steuerverhältnisse. (J.N. 1956, H.7, S.1112-1122)

Šifman,M.L.(Schifman,M.L.): Über die Anfechtung von Gerichtsurteilen. (Sov.gos.pravo, 1957, H.1, S.116-120)

Škoda,V.: Aus der Rede des Justizministers Dr.V. Škoda vor der Nationalversammlung bei der Beratung der Gesetzentwürfe für das neue Strafgesetzbuch, die neue Strafprozeßordnung, die Novelle des Gesetzes über die Organisation der Gerichte und des Gesetzes über die Staatsanwaltschaft. (Soc.zák.,1957, H.1, S.1-6) 8

Śliwiński,St.: Überblick über die Entscheidungen des Obersten Gerichts (Strafprozeßrecht - 1.Halbjahr 1956). (P.i P.,1956,H.11, S.841-854)

Śliwowski,J.: Der zeitliche Rahmen der Freiheitsstrafe im Entwurf des Strafgesetzbuches der Volksrepublik Polen auf der Grundlage der Vorschriften des sozialistischen Strafrechts.(P.i P.,1957,H.1, S.120-127)

Smietanka,I.;R.Czapiewski: Verschiedene Bemerkungen über die bedingte vorfristige Haftentlassung.(N.P.,1957, H.1, S.78-83)

Śmietanka,I.: Einige Diskussionsfragen über die Expertise im Entwurf des StGB. (N.P.,1956,H.11/12, S.122-133)

Solnař,V.: M.A.Gel'fer; Das Strafrecht der Tschechoslowakischen Republik. (Rez.) (Sov.gos.pravo, 1957, H.2, S.132-135)

Srebev,I.: Der Kampf gegen die Jugendkriminalität in der Sowjetunion. (Soc.pravo, 1956,H.9, S.31-44)

Štěpán, J.: Die Aufgaben und die Tätigkeit des Verteidigers. (Soc.zák.,1957, H.1, S.24-31) 8

Szewczyk,H.: Nicht nur am Symptom kurieren. (Weisungen im Jugendstrafverfahren). (Jug.Heimerz.,1957, H.2, S.49-54)

Tabecki,Cz.: Die Privatklage im Strafprozeß de lege lata und de lege ferenda. (N.P. 1957, H.1, S.28-40)

Tolar,J.: Zur Auslegung einiger neuer Begriffe, die in der Novelle des Strafgesetzbuches enthalten sind. (Soc.zák.,1957, H.1,S.38-41)

Tolar,J.: Zur Auslegung der Bestimmungen des Art.VII der Novelle des Strafgesetzbuches. (Soc.zák.,1957, H.1, S.31-35)

Uhlig,A.;K.Schmidt: Die Weisungsbefugnis des Rechtsmittelgerichts in Strafsachen. (NJ,1957, H.4, S.107-109)

Vieska,J.: Die strafbare Tätigkeit der Klassenfeinde und ihre Würdigung. (Soudce z lidu, 1957, H.1-2, S.23-25)

Virfureanu,D.: Die Überprüfung der Sachen im Strafprozeß.(J.N. 1956, H.7, S.1153-1160)

Vízek,J.: Die Verteidigung des Beschuldigten.(Soudce z lidu,1956, H.11, S.161-164)

Vybíral,B.: Zu einigen Fragen der sozialistischen Gesetzlichkeit im tschechoslowakischen Strafrecht. (Pr.,1957, H.1, S.16-37)

Vydra,V.: Der der Unzurechnungsfähigkeit nahekommende Zustand nach § 21 Buchst.a StGB. (Pr.obz.,1957, H.2, S.116-118)

Weiss,W.: Die Rückgabe der Sache an den Staatsanwalt und die Zuständigkeit der Gerichte. (NJ, 1956, Sonderheft, S.777-780)

Wilke,F.: Über die Abgrenzung der Körperverletzung von der tätlichen Beleidigung. (NJ, 1957,H.4, S.101-102)

Wilke,F.: Die Aufsicht über die Tätigkeit der Untersuchungsorgane und über die Gesetzlichkeit der gerichtlichen Entscheidungen im Strafverfahren. (NJ, 1957, H.4, S.113-115) 8

Wolter,W.: Verschiedene Probleme des Strafrechts. (N.P.,1957,H.2, S.9-19)

Zakrzewski,P.: Aus der Praxis des Erlasses zum Schutz des gesellschaftlichen Eigentums. (N.P.,1957, H.2, S.30-36)

Nach dem 30.Plenum des Zentralkomitees der SED. (Zu Fragen des Strafrechts) (NJ,1957, H.5, S.129-131)

Zborovský,J.: Genocide - das schwerste Verbrechen gegen die Menschlichkeit. (Pr.obz.1957, H.1, S.35-47)

12.Kriminalistik,Gerichtliche Medizin, Gerichtspsychiatrie,-psychologie

Fajer,L.: Untersuchungsmethoden bei Gutachten über Handschriften und Fälschungen. (N.P.,1957, H.2, S.43-48)

Sokolovskij,Z.M.(Sokolowskij,S.M.): Über die Anwendung der kriminalistischen Kenntnisse bei der Untersuchung von Sachbeweisen durch den Untersuchungsführer. (Sov.gos.pravo, 1957, H.1, S.69-73)

13.Zivilrecht

Artzt,W.;W.Stolz: Wer ist im Einzelhandelskaufvertrag dem Käufer aus einer Garantie verantwortlich? (NJ,1957, H.5, S.136-138)

Bernstein,K.: Fragen des Nachbarrechts. (NJ,1957, H.5, S.140-144)

Biely, K.: Einige Fragen der Neuregelung über die Höhe wiederkehrender Leistungen und ihrer Dauer. (Pr.obz.,1957, H.2, S.110-116)

Breyer,St.: Die zivilrechtlichen Folgen des Austausches von Grundstücken. (N.P.,1956, H.11/12, S.62-74)

Dornberger,G.: Zu einigen Fragen der Garantie beim Einzelhandelskaufvertrag. (NJ, 1957,H.5, S. 132-135)

Geisenhainer,E.;K.Skupch: Gutgläubiger Erwerb an unterschlagenen Gegenständen der HO-Leihgeschäfte. (NJ,1957, H.3, S.77-78)

Gulkowski, H.: Kann man den Schutz der stillen Teilhaberschaft im Verfahren auf Grund einer Besitzklage geltend machen.(N.P.,1957, H.2, S.72-76)

Hartwig,H.: Zur staatlichen Beteiligung an privatkapitalistischen Betrieben. (St R, 1957, H.2, S.125-135)

Hrubý, J.: Das Problem des Mietens eines Raumes für unbestimmte Zeit. (Pr.obz.1957, H.1, S.47-55)

Knapp,V.: Einige Betrachtungen über den revidierten Entwurf des polnischen Zivilgesetzbuches. (Pr.,1956, H.8, S.732-741)

Knecht,G.: Konferenz über Gewährleistungs- und Garantieansprüche im Bezirk Halle. (NJ,1957, H.5, S.138-139)

Ladyženskij, A.M.(Ladishenskij,A.M.): Über die Nationalität der juristischen Personen. (Sov.gos.pravo, 1957, H.2, S.90-95)

Luby,Š.: Die zivilrechtliche Verantwortlichkeit im Entwurf des polnischen Zivilgesetzbuches. (Pr.obz.1957, H.1, S.5-18)

Plank,K.: Der Einfluß der Neuberufung des Erben auf die Folgen des Ausschlagens der Erbschaft. (Pr.obz.1957, H.1, S.19-24)

Puškin,A.A.(Puschkin,A.A.): Die juristische Person des Industriebetriebes, des Trusts und des Kombinates. (Sov.gos.pravo, 1956, H.10, S.76-83)

Rachmilovič,V.A.;A.J.Kabalkin (Rachmilowitsch,W.A.): "Fragen des sowjetischen Zivilrechts" (Rez.)(Sov.gos.pravo, 1957, H.2, S.138-141)

Ramstetter, H.: Forderungen in Finnland, Schweden und Norwegen. (Ahdl.,1957, H.3, S.98-99)

Sandig,H.: Zur Problematik der staatlichen Beteiligung an privatkapitalistischen Betrieben. (Einh.,1957, H.3, S.308-317) 9

Štědrý,M.;B.Šmid: Vertragliche Übertragungen landwirtschaftlicher Liegenschaften. (Soc.zák.,1957, H.1, S.49-53) 16

Strohbach,H.: Einige Bemerkungen zum Teilzahlungsgeschäft.(NJ,1957, H.3, S.73-76)

Wasilkowski, J.: Der Geltungsbereich des Zivilgesetzbuches der Volksrepublik Polen. (N.P.,1957, H.2, S.3-8)

Wolter,A.: Die juristische Person der Haushaltsbetriebe. (P.i P.,1956, H.11, S.807-825)

14.Urheber- und Erfinderrecht

Antimonov,B.S.;E.A.Flejšic(E.A.Flejschiz): Die Aufgaben des sowjetischen Erfinderrechts. (Sov.gos.pravo, 1957, H.2, S.13-22)

Avramov,L.: Die Erbfolge des Urheberrechts.(Soc.pravo, 1956,H.10, S.46-55)

Eckloff,C.: Außenhandel und Warenzeichen. (Ahdl.,1957, H.3, S.95-96) 13

Faatz: Fremde Schutzrechte behindern den Export. (EuV.,1957, H.4, S.92-93)

Der gewerbliche Rechtsschutz ist ein Mittel zur Eroberung und erfolgreichen Verteidigung der modernen Technik.(EuV.,1957, H.4, S.73-74)

Haeder,W.: Probleme des gewerblichen Rechtsschutzes. (Ahdl.,1957, H.3, S.96-98)

Irrling,H.J.: Materielle Rechtskraftwirkung patentamtlicher Entscheidungen. (EuV.,1957, H.6, S.133-134)

Kirsten,K.: Fragen des Warenzeichenschutzes und der Erfinderlenkung. (EuV.,1957, H.4, S.91-92)

Kryštůfek,Z.: Die Autorenhonorare für literarische Werke (einige Betrachtungen zur Gesetzlichkeit in der Gesetzgebung). (Pr.,1956, H.8, S.741-746)

Rüffle,M.: Gewerblicher Rechtsschutz in Produktion und Handel. (EuV.,1957, H.4, S.80-84)

Seluckÿ, J.: Die rechtliche Regelung der Erfindungen und Verbesserungsvorschläge. (Pr.,1956, H.7, S.622-635)

15.Vertragssystem,Vertragsgerichtliches Verfahren

Doláková,M.: Einige Fragen des Schadenersatzes bei Verletzung der Verpflichtungen aus Wirtschaftsverträgen.(Pr.,1956,H.9, S.834-851)

Fekete, Gh.: Die Vertragsstrafe und ihre Bedeutung im Rechtssystem der Rumänischen Volksrepublik für die Festigung der Vertragsdisziplin. (J.N. 1956, H.7, S.1101-1111)

Florescu,D.: Die Heranziehung als Mitbeklagter bei Streitigkeiten, über die von der Staatlichen Arbitrage verhandelt wird. (J.N.1956, H.7, S.1138-1152)

Ginoburg,L.J.(Ginzburg,L.J.)· Zur Frage des Wirtschaftsrechts. (Sov.gos.pravo, 1956, H.10, S.84-94)

Glaser,E.: Die Anteilverträge, ein Instrument der Vereinfachung und Dezentralisierung des Vertragsabschlusses.(Pr.obz.,1957,H.2, S.92-102)

Kanda,A.: Eine Betrachtung über das Recht der staatlichen Arbitrage zur Begründung, Änderung oder Aufhebung eines Rechtsverhältnisses zwischen den Parteien. (Pr.,1956, H.10, S.962-978)

Nikolov,A.;S.Stajkov: Zu einigen Fragen der Arbitragepraxis. (Soc.pravo, 1957, H.1, S.45-54)

Serpinska,W.: Die Organisation und der Verhandlungsablauf der staatlichen Arbitrage in der Volksrepublik Polen. (Soc.zák.,1957, H.1, S.53-59)

Spišiak,J.: Sollen die Rahmenverträge aufgehoben werden oder nicht? (Pr.,1956, H.10, S.954-962)

Topinski, J.: Über die Rolle und die Aufgaben der Arbitrage. (Betr.Polen). (Soc.zák.,1956, H.9, S.568-573)

16.LPG- Recht, Bodenrecht

Eliáš, J.: Rezension über V.Fábry "Das Recht der landwirtschaftlichen Genossenschaften", Prag 1956. 510 S. (Pr.,1957, H.1, S.81-97)

Fábry,V.: Bemerkungen zum bevorstehenden III.Kongreß der landwirtschaftlichen Einheitsgenossenschaften. (Pr.,1957, H.2, S.118-132)

Fiala,J.;F.Jína;V.Kizlinková: Einige Fragen des Rechts der landwirtschaftlichen Genossenschaften (I.Einige Rechtsbeziehungen zum Boden, II. Die Auslegung des Begriffes landwirtschaftlicher Betrieb im Sinne des Gesetzes Nr. 139/1947). (Soc.zák.,1956,H.9,S.529-545)

Geipel,N.: Für die Durchsetzung des Prinzips der materiellen Interessiertheit in den Landwirtschaftlichen Produktionsgenossenschaften. (Einh.,1957, H.1, S.118-123)

Kokavec,D.: Zu den vorgeschlagenen Ergänzungen und Änderungen in den Musterstatuten der landwirtschaftlichen Einheitsgenossenschaften. (Pr.obz.,1957, H.2, S.123-126)

Langner,L.;G.Eberhardt: Zu einigen Fragen des LPG-Rechts. (NJ, 1957, H.6, S.176-179)

Lukaszewicz, J.: Ansprüche des Eigentümers von Grundstücken, die als Bodenanteile in die LPG's eingebracht wurden oder die unter den Austausch fallen. (N.P.,1956,H.11/12, S.140-145)

Mückenberger, E.: Eine notwendige Betrachtung zum Agrarpolitischen Kongreß der SPD. (Einh.,1957, H.2, S.181-195)

Popov,L.: Die Veränderungen im System der Regelung der Kollektivwirtschaften und ihre Widerspiegelung bei uns. (Soc.pravo,1956, H.9, S.18-30)

Šedivý,B.: Einige Bemerkungen zu den Zuteilungen für die unteilbaren Fonds unserer landwirtschaftlichen Einheitsgenossenschaften. (Nová mysl, 1957, H.1, S.59-70)

Suchánek,J.: Zu einigen Aufgaben der Wissenschaft vom Recht der landwirtschaftlichen Genossenschaften. (Pr.,1956,H.8, S.692-701)

Svátek,M.: Das Verhältnis der Musterstatuten der LEG zu den eigenen Statuten der Genossenschaft und Fragen der Rechtsvorschriften, die die Tätigkeit in der LEG 2.Typs regeln.(Pr.,1957, H.1, S.51-57)

Światkowski,H.: Die Neuregelung des Rechts der landwirtschaftlichen Produktionsgenossenschaften in der UdSSR. (N.P.,1956,H.11/12, S. 96-100)

Zezula,J.: Die Mitgliedschaft in der landwirtschaftlichen Einheitsgenossenschaft. (Soudce z lidu, 1956, H.11, S.167-171)

17.Familienrecht

Dillhöfer, G.: Die Sorgerechtsentscheidung bei Auflösung der Ehe. (Schöffe, 1957, H.3, S.88-90)

Grzybowski,St.M.: Die Festsetzung der Höhe von Unterhaltsleistungen. (N.P.,1956,H.11/12, S.26-39)

Nathan,H.: Der Unterhaltsanspruch des nichtehelichen Kindes. (NJ, 1957, H.6, S.170-176)

Neumann, H.: Zur Verordnung über die Annahme an Kindes Statt. (Jug.Heimerz.,1957, H.2, S.54-59)

Oridorova, M.T.: Die Gründe für die Ehescheidung. (Sov.gos.pravo, 1957, H.1, S.110-115)

Parchert,H.;H.Weber: Einige Betrachtungen zu § 1680 BGB. (Jug.Heimerz.,1957, H.1, S.19-21)

18.Zivilprozeß (einschließlich Familienrechtliches Verfahren)

Cimo,A.: Zur Zwangsvollstreckung durch Räumung der Wohnung nach § 556 ZPO. (Soc.zák.,1956, H.9, S.562-564)

Dillhöfer,G.: Zum Verfahren in Ehesachen. (Schöffe, 1957, H.2, S. 33-36)

Dillhöfer,G.: Eine Zwangsvollstreckung aus Zahlungsverpflichtungsurkunden ist möglich! (Jug.Heimerz.,1957, H.3, S.108-111)

Gwiazdomorski,J.: Zur Frage der Richtlinien des Obersten Gerichts zum Art.29 des Familienrechtsgesetzes. (N.P.1957, H.1, S.10-19) 17

Krzemiński,Z.: Verschiedene prozessuale Fragen in Verbindung mit dem Art.431 ZPO. (N.P.,1957, H.2, S.20-29)

Möckel,R.: Nochmals zur Anwendung des § 6 der Verordnung über die Pfändung von Arbeitseinkommen. (Jug.Heimerz.,1957, H.2, S.59-63)

Niethammer,F.: Aufhebung und Zurückverweisung im Berufungsverfahren des Zivilprozesses. (NJ, 1957, H.5, S.144-147)

Schuldt,W.: Fragen der Räumung von Wohnraum. (NJ,1957, H.3, S.78-80) 9

Štajgr, F.: Der Gegenstand des Zivilprozeßverfahrens.(Pr.štúdie, 1956,H.4, S.487-514)

Steiner, V.: Bericht über die erste Arbeitskonferenz des Zivilprozeßrechts. (Pr.,1956, H.8, S.775-783)

Szabo,P.A.: Fragen, die mit der Zivilklage des Staatsanwalts im Zusammenhang stehen. (J.N. 1956, H.7, S.1123-1137)

19.Arbeitsrecht und Arbeitsrechtliches Verfahren

Chvátal,J.: Gilt § 408 a) ZPO in Arbeitsrechtsstreitigkeiten? (Soc.zák.,1956, H.9, S.564-566)

Chyský, J.: Einige Fragen beim Erlöschen des Arbeitsrechtsverhältnisses. (Pr.,1957, H.1, S.37-51)

Erläuterungen zur Ersten Durchführungsbestimmung zum Gesetz über die Verkürzung der Arbeitszeit. (Arb R, 1957, H.3, S.62-63)

Görner, K.: Fragen des Arbeitsrechts bei der Wiedervereinigung. (Arb R, 1957, H.3, S.57-58)

Hromada, J.: Zur Neuregelung auf dem Gebiete der sozialen Sicherstellung. (Pr.obz. 1957, H.2, S.65-75)

Ignatowicz,J.;R.Stelmachowski: Die Präsumtion der Schuld des Angestellten im Prozeß wegen Mankl. (N.P.,1956, H.11/12, S.3-13)

Kahn,E.: Die Frage des gleichen Lohns in den Vereinten Nationen. (WGBew.,1957, H.1, S.30-32) 6

Karinskij,S.S.: Die Gerichtspraxis in Sachen, welche die materielle Verantwortlichkeit der Arbeiter und Angestellten betreffen. (Sov.gos.pravo, 1956,H.10, S.106-111)

Die Kollektivverträge für das Jahr 1957. (Sov.profs.1956,H.12. S.1-7)

Kop'ev,S.I.(Kopjew,S.I.): Einige Fragen der rechtlichen Regelung der Arbeit der Arbeiter und Angestellten der Maschinen-Traktoren-Stationen. (Sov.gos.pravo, 1957, H.1, S.83-90) 16

Kowollik,B.: Die Änderung von Arbeitsrechtsverhältnissen durch derem Subjekte. (A.u.S. 1957, H.5, S.151-152; H.6, S.184-187)

Langner,L.: Stellenplan und Tarifvertrag. (Bericht über eine Diskussion in der Obersten Staatsanwaltschaft). (NJ, 1957, H.3, S.80-81)

Marowski,J.: Die gemeinsame Verantwortlichkeit mehrerer Beschäftigter für Fehlbestände an den ihnen anvertrauten Waren. (P.i P., 1957, H.1, S.128-134)

Mirkov,D.: Die Vergütung bei unrechtmäßiger Nichtwiedereinstellung zur Arbeit. (Soc.pravo, 1957, H.1, S.14-18)

Müller, F.: Rechtsbeistände sind vor Beschwerdekommissionen nicht zugelassen. (A.u.S., 1957, H.7, S.213-214)

Müller,F.: Die Zustimmung der Gewerkschaftsorgane zu Kündigungen unter einer Bedingung. (ArbR, 1957, H.2, S.35-37)

Mydlík, A.: Einige Bemerkungen zur Diskussion über die Arbeits- und Lohnansprüche von Beschäftigten während der Inhaftierung. (Pr.obz., 1957, H.2, S.107-110) 11

Paul,H.: Zur Zuständigkeit der Konfliktkommissionen. (ArbR,1957, H.2, S.44-45)

Pietrzykowski,J.: Verschiedene Probleme aus dem Gesetz über die Regelung rückständiger Zusatzansprüche aus dem Arbeitsrechtsverhältnis. (N.P. 1957, H.1, S.94-96)

Rafacz-Krzyżanowska, M.: Einige Bemerkungen über die Einschränkung der Zulässigkeit der Lösung von Arbeitsverträgen. (N.P.,1956, H.11/12, S.146-149)

Rafacz-Krzyżanowska, M.: Einige Bemerkungen zur Frage der Auslegung des Art. 3 des Urlaubsgesetzes. (N.P.,1957, H.2, S.66-69)

Rau,H.: Das Gesetz über die Verkürzung der Arbeitszeit.(NJ, 1957, H.4, S.97-98)

Salwa,Z.: Die Rolle des Rechts bei der Gewährleistung qualitätsgerechter Arbeit. (P.i P., 1956, H.8-9, S.334-349; deutsch: RID, 1957, H.5, Sp.136-148)

Schneider,R.: Die Arbeitsgesetzgebung der DDR (II.Halbjahr 1956). (ArbR, 1957, H.2, S.38-40; H.3, S.65-67)

Schulz,W.: Zu einigen Problemem der Rechtsprechung der Arbeitsgerichte. (ArbR, 1957, H.2, S.29-30; H.3, S.63-64)

Škurko,S.I.(Schkurko,S.I.): Zu einigen Fragen der rechtlichen Regelung des progressiven Leistungslohnes in der Industrie der UdSSR. (Sov.gos.pravo, 1956, H.6, S.22-31; deutsch: RID, 1957, H.5, Sp. 125-135)

Stelter,K.: Noch einmal zur Frage der sogenannten "Änderungskündigung". (ArbR, 1957, H.2, S.31-32)

Süss,O.: Gilt die Regelung des § 615 BGB über den Annahmeverzug in den sozialistischen Betrieben? (ArbR, 1957, H.2,S.33-35)

Šuruev,V.(Schurujew,W.): Die Organisation der Normierung der Arbeit und der Entlohnung der Arbeiter muss schneller geregelt werden. (Sov.profs. 1956, H.8, S.8-15)

Szubert,W.: Rechtsfragen der Sozialversicherung. (P.i P.,1957, H.1, S.43-68)

Vejvoda,J.: Die nicht angeordnete Überstundenarbeit. (Soc.zák., 1956, H.4, S.221-225;deutsch: RID, 1957, H.5, Sp.148-152)

20.Internationales Privatrecht

Boguslavskij, M.: Ein Buch eines bulgarischen Juristen über das internationale Privatrecht. (Ivan Altunov, Das System des internationalen Privatrechts der Volksrepublik Bulgarien).(Sov.gos.pravo,1957, H.2, S.148-151)

Hanák,S.: Die Bedeutung der Schiedsverträge bei der Bestimmung des anwendbaren Rechts. (Pr.,1956, H.6, S.532-550)

Hanák,S.: Die neueste Entwicklung der internationalen Handelsarbitrage. (Pr.,1956, H.10, S.998-1001)

Sztucki,J.: Verschiedene Fragen der zwischenstaatlichen Arbitrage. (P.i P., 1956, H.12, S.1024-1040)

21.Sonstiges

Das Niveau der Redaktions-und Verlagstätigkeit auf dem Gebiet des Rechts muß gehoben werden. (Sov.gos.pravo, 1957, H.2, S.3-12)

B. BIBLIOGRAPHIE AUS ZEITSCHRIFTEN DER DEUTSCHEN BUNDESREPUBLIK

Diese Bibliographie enthält eine Auswahl einschlägiger Artikel aus folgenden Zeitschriften: 1)

AcP	= Archiv für die civilistische Praxis, Tübingen	1957,Bd.156,H.1
AG	= Der Arbeitgeber, Düsseldorf	1957,H.3-5
ArbuR	= Arbeit und Recht, Köln	1957,H.1-2
ASP	= Arbeit und Sozialpolitik, Frankfurt/M. Bonn	1957,H.2-3
AUSS.POL.	= Außenpolitik, Stuttgart	1957,H.1-2
B	= Der Betrieb, Düsseldorf	1957,H.4-10
BB	= Der Betriebs-Berater, Heidelberg	1957,H.3-7
DÖV	= Die Öffentliche Verwaltung, Stuttgart .	1957,H.2-5
DRiZ	= Deutsche Richterzeitung, Köln,Berlin ..	1957,H.2-3
Dtsch.Z.gerichtl.Med.	= Deutsche Zeitschrift für die gesamte gerichtliche Medizin, Berlin ..	1957,Bd.46,H.1
DVBl.	= Deutsches Verwaltungsblatt, Köln, Berlin	1957,H.3-5
DWW	= Deutsche Wohnungswirtschaft, Düsseldorf	1957,H.1-2
EA	= Europa-Archiv, Frankfurt/M.	1957,H.2-5
FamRZ	= Ehe und Familie im privaten und öffentlichen Recht, Bielefeld	1957,H.2,
GAStr.	= Goltdammer's Archiv für Strafrecht, Hamburg	1957,H.2-3
Gew.Mon.H.	= Gewerkschaftliche Monatshefte, Köln ...	1957,H.2
GRUR	= Gewerblicher Rechtsschutz und Urheberrecht, Weinheim	1957,H.1-2
GRUR Ausl.	= Gewerblicher Rechtsschutz und Urheberrecht, Auslands- und Internationaler Teil, Weinheim	1956,H.12 1957,H.1
Int.Ib.Pol.	= Internationales Jahrbuch der Politik, München	1956,H.2/3 1957,H.1-2
JR	= Juristische Rundschau, Berlin	1957,H.1-2
JZ	= Juristenzeitung, Tübingen	1957,H.3-6
Krim.	= Kriminalistik, Zeitschrift für die gesamte kriminalistische Wissenschaft und Praxis, Hamburg	1957,H.2-3
Mbl.freiheitl.Wipol.	= Monatsblätter für freiheitliche Wirtschaftspolitik, Frankfurt/M.	1957,H.2-3
MDR	= Monatsschrift für Deutsches Recht, Hamburg	1957,H.1-3

MschrKrim	= Monatsschrift für Kriminologie und Strafrechtsreform, Berlin, Köln	1956,H.5/6
N.Gesellschaft	= Die Neue Gesellschaft, Bielefeld	1957,H.1
NJW	= Neue Juristische Wochenschrift, München, Berlin	1957,H.4-7;9-11
Öff.D.	= Der Öffentliche Dienst, Düsseldorf ...	1957,H.1-2
	Politische Studien,Monatshefte der Hochschule für Politische Wissenschaften, München	1956,H.81-82
RdA	= Recht der Arbeit, München, Berlin	1957,H.1-2
RdJ	= Recht der Jugend, Berlin	1957,H.3-6
RdL	= Recht der Landwirtschaft, Hamburg	1957,H.1-2
RiW	= Recht der internationalen Wirtschaft, Heidelberg	1957,H.1-3
SchlHA	= Schleswig-Holsteinische Anzeigen,Kiel .	1957,H.2-3
SCHM.JB.	= Schmollers Jahrbuch für Gesetzgebung, Verwaltung und Volkswirtschaft,Berlin.	1957,H.1
SGb	= Die Sozialgerichtsbarkeit, Wiesbaden .	1957,H.1-2
SKV	= Staats- und Kommunalverwaltung,Berlin.	1957,H.1-3
Soz.Sicherh.	= Soziale Sicherheit,Zeitschrift für Sozialpolitik, Köln	1957,H.2
TW	= Die Teilzahlungswirtschaft,Dortmund ..	1957,H.1
UFITA	= Archiv für Urheber-, Film-, Funk- und Theaterrecht, Baden-Baden	1957,Bd.23,H.1/2
WRP	= Wettbewerb in Recht und Praxis, Frankfurt/M.	1957,H.1-3
WuW	= Wirtschaft und Wettbewerb, Düsseldorf.	1957,H.1-3
Zbl.JugR	= Zentralblatt für Jugendrecht und Jugendwohlfahrt, Köln, Berlin	1957,H.1-2
ZLR	= Zeitschrift für Luftrecht, Köln	1957,Bd.6,H.1
ZMR	= Zeitschrift für Miet- und Raumrecht, Düsseldorf	1957,H.2-3
ZSR	= Zeitschrift für Sozialreform,Wiesbaden	1957,H.1
ZSt	= Zeitschrift für die gesamte Staatswissenschaft, Tübingen	1957,Bd.113,H.1
ZV u.ZV	= Zeitungs-Verlag und Zeitschriften-Verlag, Wiesbaden	1957,H.2-6
ZZP	= Zeitschrift für Zivilprozeß, Berlin ..	1957,Bd.70,H.1/2

Die hier aufgeführten Hefte sind gemäß der Benutzungsordnung der Bibliothek des Deutschen Instituts für Rechtswissenschaft bedingt ausleihfähig.

1.Soziologie,allgemeine Staatslehre, Rechtsphilosophie [1]

Desai,A.R.: Eine soziologische Analyse Indiens.(ZSt, 1957,Bd.113, H.1, S.116-127)

Mossé,R.: Keynes und der Sozialismus. (Gew.Mon.H.,1957,H.2, S.86-93)

Reuß,H.: Der Bürger und sein Staat. Grundfragen der Staatsgesinnung in der Demokratie. (JR,1957,H.1, S.1-5) 4

2.Staats-und Rechtsgeschichte

Würtenberger,T.: Johann Gottfried Herder und die Rechtsgeschichte, (JZ, 1957, H.5/6, S.137-141)

3.Völkerrecht und Außenpolitik

Bayer-Ehrenberg, K.von: Zur Frage der Hoheitsgrenzen am Bodensee. (DÖV,1957,H.2, S.38-45) 4

Bharatmanohar,H.R.: Indiens Aussenpolitik und Deutschland. (AUSS.POL.,1957, H.2, S.89-93)

Breitner,F.: Die Chronik des Montangerichtshofes 1953-1956. (EA,1957, H.4/5, S.9639-9646) 12

Bruns,R.: Zur Reform der Vollstreckung internationaler Schiedssprüche.(Genfer Abkommen von 1927). (ZZP,1957, Bd.70,H.1/2, S.7-24) 18

Drion,H.: Zur Frage eines internationalen Abkommens betr.den Zusammenstoß in der Luft. (ZLR,1957,Bd.6, H.1, S.22-31)

Feuchter,G.W.: Der Luftkrieg im Zeitalter der Atombomben. (N.Gesellschaft,1957, H.1, S.14-20)

Gaitskell,H.: Neue Phase der Aussenpolitik.(AUSS.POL.,1957,H.1, S.21-32)

Godin, R.u.H.Frh.von: Das Schicksal des Feindvermögens in den Vereinigten Staaten in Vergangenheit und neuester Zeit.(RiW,1957,H.3, S.46-50) 18

Habscheid,W.Z.: Nationale oder supranationale Schiedssprüche? Zur Reform des Genfer Abkommens über die Vollstreckung ausländischer Schiedssprüche v.26.Sept.1927.(ZZP,1957,Bd.70, H.1/2,S.25-60) 18

Junckerstorff, K.: Internationale Kaufmannsgerichte.(WRP,1957,H.1, S.4-5) 12

1) Die nach der Fundstelle eines Artikels angegebenen Zahlen verweisen auf die Bedeutung dieses Artikels auch für andere Fachgebiete entsprechend der hier zugrunde gelegten Systematik.

Kissinger,H.A.: Gedanken über die amerikanische Diplomatie. (AUSS.POL.,1957,H.1, S.33-50)

Loen, E.von: Strategie und Völkerrecht. (N.Gesellschaft,1957,H.1, S.34-43)

Mikat, P.: Die päpstlichen Gesandten.(AUSS.POL.,1957,H.2,S.103-112)

Pfleiderer,K.G.: Völker und Mächte.(Untersuchung völkerrechtlicher Begriffe). (AUSS.POL.,1957, H.1, S.5-11)

Pollard,H.M.: Die 8.Tagung der Völkerrechtskommission der Vereinten Nationen vom 23.April bis zum 4.Juli 1956 in Genf.(Betr.Seerecht). (EA,1957,H.4/5, S.9652-9654)

Schultz-Naumann,J.: Das NATO-Defense-College. (AUSS.POL.,1957,H.2, S.112-117)

See,K.von: Grönland und die USA im zweiten Weltkrieg.(AUSS.POL.,1957, H.1, S.51-57)

Soward,F.H.: Die kanadische Außenpolitik seit dem Zweiten Weltkrieg. (Fortsetzung). (EA,1957,H.2, S.9543-9552)

Stein,E.: Auswirkungen der Einbeziehung neuer Mitglieder in die Organisation der Vereinten Nationen. (EA,1957,H.3, S.9587-9598)

Wehner, H.: Die Vereinten Nationen und ihr Problem.(N.Gesellschaft, 1957,H.1, S.3-7)

Die Ergebnisse der Ministertagungen der WEU und der NATO in Paris vom 10.bis zum 14. Dez.1956. (EA,1957,H.2, S.9560-9571)

4.Staatsrecht

Arndt,A.: Das Grundrecht der Kriegsdienstverweigerung.(NJW,1957, H.10, S.361-363)

Banerjee,D.N.: Das gegenwärtige politische System Indiens unter besonderer Beachtung seiner wirtschaftlichen Aspekte.(ZSt,1957,Bd.113, H.1, S.1-11)

Becker,H.J.: Nochmals: Die Verfassungswidrigkeit des § 67 des Personenstandsgesetzes. (FamRZ,1957,H.2, S.40-45) 14

Beermann,F.: Sicherheit, Wiedervereinigung und Stärke der Bundeswehr. (N.Gesellschaft,1957,H.1, S.8-13)

Brockmann,T.: Die Entwicklung des Bundesrechts im 2.Halbjahr 1956. (DVBl.,1957,H.4,S.126-129; H.5,S.161-165) 5,6

De Clerk: Die Freiheit des Berufs.(SKV,1957,H.1, S.8-107 5

Flor,G.: Der Wehrdienst in der Konfliktsituation.(NJW,1957,H.7, S.243-246)

Gross,W.: Betrachtungen.(Eingliederung der Saar in die Bundesrepublik). (DVBl,1957, H.3, S.88-90) 5

Hamann,A.: "Die verfassungsmäßige Ordnung". Zugleich eine Stellungnahme zu dem Urteil des Bundesverfassungsgerichtes vom 16.Jan. 1957. (BB,1957,H.7, S.229-231)

Hamann,A.: Das Sicherstellungsgesetz in verfassungsrechtlicher Sicht. (BB,1957,H.3, S.94-97) 5

Krüzner,H.: Die Entwicklung des öffentlichen Rechts in Bayern im Jahre 1956. (DVBl.,H.5, S.165-168) 5

Langenbach,H.J,: Braucht Westdeutschland ein stehendes Heer? (N.Gesellschaft,1957,H.1, S.21-27)

Maxrath,J.: Kodifikation und Gesetzesbereinigung in den USA.(DÖV, 1957, H.3, S.74-77) 5

Möhring,O.: Bodenreform und Verfassungsrecht.(RdL,1957,H.1, S.1-5) 13

Probst,H.: Die Eingliederung des Saarlandes in die Bundesrepublik. (SKV,1957, H.1, S.5-7) 5

Röhl,H.: Zwischenbilanz der Verfassungsbeschwerde.(JZ,1957,H.4, S.105-108)

Die Saar. Grenzland und Brücke. (Dokumentation ihrer Entwicklung von 1945-1955). (Int.Jb.Pol.,1956, H.2/3, S.7-269) 3

Sander,H.: Die Entwicklung des öffentlichen Rechts in Schleswig-Holstein im 1.Halbjahr 1956. (DVBl.,1957,H.3, S.90-93) 5,6

Schätzler,J.G.: Sind schlechte Gesetze nichtig? Das Apothekenurteil des Bundesverfassungsgerichts. (NJW,1957,H.4, S.121-125)

Steuerwald,H.: Die staatsrechtliche Stellung des Landes Berlin zum Bund. (JR,1957,H.1, S.5-7)

5.Verwaltungsrecht und Verwaltungsgerichtsverfahren

Bertram,E.: Die städtebauliche Umlegung als Enteignungstatbestand. (DÖV,1957,H.5, S.135-139) 4

Bettermann,K.A.;W.Tietgen: Zur Beweislast im Verwaltungsprozeß. (DVBl.,1957, H.3, S.84-88)

Bettermann,K.A.: Kein Folgenbeseitigungsanspruch bei Wiedereinweisung des Räumungsschuldners? Zu OVG Münster II A 397/55 vom 14. Sept.1956. (MDR,1957,H.3, S.130-134) 15

Böhm,O.: Die aufschiebende Wirkung der Rechtsmittel und die Anordnung der Vollziehung von Verwaltungsakten nach § 51 I MRVO Nr.165 und § 51 I VGG. (Öff.D.,1957,H.2, S.21-23)

Buri,E.: "Einstweilige Anordnungen" - einstweilige Verfügungen - in Anfechtungssachen. (DÖV,1957, H.4, S.100-103)

Draeger,K.: Das AVAVG in neuer Gestalt.(DÖV,1957,H.3, S.65-68) 16,17

Ehlers,E.B.: Die Beweisregelung im Währungsausgleichsgesetz. (NJW,1957, H.4, S.132-133) 6

Ellmer,S.: Zur Neuordnung des Gesetzes zum Schutze der Jugend in der Öffentlichkeit. (Zbl.JugR, 1957,H.1, S.8-14) 7

Emrich,W.: Personalverwaltung in der Gemeinde.(SKV,1957,H.1, S.14-16)

Flessa,R.: Schuldverhältnisse des Staates auf Grund Verwaltungsaktes. (Gestaltungsmöglichkeiten für Staatskredite).(DVBl.,1957, H.3, S.81-84; H.4, S.118-121) 6,10

Forsthoff,E.: Norm und Verwaltungsakt im geltenden und künftigen Baurecht. (DVBl.,1957,H.4, S.113-118)

Forsthoff,E.: Rechtsfragen der Werbesendungen im Fernsehen. (DÖV,1957, H.4, S.97-99) 4,12

Franck, D.: Die Rechtsnatur der bewaffneten Macht.(DVBl.,1957, H.5, S.149-153) 2,4

Fuchs,M.: Bürokratie und Funktionsverteilung.(SKV,1957,H.2, S.27-28)

Geffers,W.: Grundfragen der Verwaltungsreform in Bund, Ländern und Gemeinden. (DÖV,1957,H.3, S.81-84)

Goldmann,G.: Schweigepflicht der Beigeordneten gegenüber den Ratsherren? (SKV,1957, H.3, S.60-61)

Groebe,K.: Erneuerung des Landesstrafrechts, Rechtsbereinigung und Stärkung der Selbstverwaltung in Bayern. (DVBl.,1957,H.5, S.157-160) 7

Groebe,K.: Das neue bayerische Landesstraf- und Verordnungsgesetz. (Ablösung des Polizeistrafgesetzbuchs von 1871).(NJW,1957,H.7, S.252-253) 7

Haarmann,W.: Das nordrhein-westfälische Ausführungsgesetz zum Reichsjugendwohlfahrtsgesetz.(Zbl.JugR,1957, H.2, S.29-37)

Haarmann, W.: Das Ordnungsbehördengesetz für Nordrhein-Westfalen. (SKV,1957,H.3, S.54-57)

Hans: Der Wohnraumanspruch des Grundstückseigentümers.(BB,1957,H.7, S.244-245) 10

Haueisen; Wechselwirkungen zwischen Verwaltungsprozeßrecht und materiellem Verwaltungsrecht. (NJW,1957,H.5, S.169-170)

Klein,F.W.: Genehmigung zum Verkauf gemeindlicher Grundstücke. (SKV,1957, H.2, S.30-34)

Köhler, K.H.von: Zur abstrakten Gefahr im Polizeirecht.(DVBl.,1957, H.3, S.73-77)

König, O.: Zur Frage der Amtshaftung in der Ausgleichsverwaltung. (DÖV,1957,H.4, S.112-114) 10

Korff:Wohnungswirtschaftliche Bestimmungen des 2.Wohnungsbaugesetzes. (DWW,1957,H.1, S.5-8) 10

Less: Zweckentfremdung und Wohnraumveränderung.(ZMR,1957, H.3, S.73-77) 10

Mangels,G.: Zur Übertragung von Hoheitsbefugnissen im Bereich der Verwaltungsbehörden.(JZ, 1957,H.5/6, S.161-162) 4

Meyer,A.: Der Fluglärm in rechtlicher Sicht.(ZLR,1957,Bd.6,H.1, S.1-21) 3

Nicken,H.: Abschied vom Reichsleistungsgesetz.(Schl.HA,1957,H.2, S.25-28) 10

Noack: Probleme des Kriegsgefangenenentschädigungsrechts. (NJW,1957, H.10, S.367-369) 17

Oehlenschläger,H.: Die Verwaltungsgerichtsbarkeit im Saarland. Rechtszustand bis zur Eingliederung des Saarlandes in die BRD. (DÖV,1957,H.5, S.129-135)

Paul, Th.: Anliegerbeitrag noch zeitgemäß? (DWW,1957,H.1, S.15-17) 6

Potrykus: Reform des Jugendschutzes.(RdJ,1957, H.3, S.45-46) 7

Rößler,H.G.;H.Rasner: Zur Nichtigkeit des Aufbaugesetzes von Nordrhein-Westfalen. (DVBl.,1957, H.4, S.124-125) 4

Rupp,H.: Die Anfechtungsklage und notwendige Streitgenossenschaft. Gedanken zum Urteil des BVerwG vom 19.März 1956 - V C 265/54. (DÖV,1957,H.5, S.144-146)

Sauer,E.: Beschränkung des Gemeingebrauchs aus polizeilichen Gründen. (SKV,1957,H.2, S.34-35)

Scheer,B.: Amtshilfe und Vollzugshilfe durch die Polizei für andere Behörden.(SKV,1957,H.3, S.58-60)

Schmidt,H.: Fragen zur Rechtsbeständigkeit der Umlegungsverfahren. (B, 1957,H.8, S.181-182)

Schmidt, H.: Die Rechtswidrigkeit des Verwaltungsaktes als Teil des Streitgegenstandes? (DÖV,1957,H,4, S.103-109) 15

Schmidt,R.: Das neue Landbeschaffungsgesetz.(DVBl.,1957,H.5,S.154-157) 13

Schmidt,R.: Das Schutzbereichgesetz. (DVBl.,1957,H.4,S.121-124) 10

Schütz,E.: Dienstunfähigkeit im Beamtenrecht. Begriff und Folgen. (Öff.D.,1957,H.1, S.2-7)

Schütz,E.: Versetzung, Übernahme, Abordnung und Beauftragung im Beamtenrecht. (Öff.D.,1957,H.2, S.23-28)

Schultz,G.: Blick in die Zeit.(Bundesleistungsgesetz).(MDR,1957, H.3, S.143-146) 10

Seibt;Fischer: Rechtfertigt § 31 Abs.3 WBewG Eingriffe der Justiz in die Verwaltung? (ZMR,1957,H.2, S.38-41)

Sonnabend: Die Untätigkeitsklage nach § 216 BEG. (NJW,1957,H.10, S.371-372)

Thiele,W.: Wann ist eine künstlerische Tätigkeit des Beamten nicht genehmigungsdürftig? (Öff.D.,1957, H.1, S.7-10)

Unruh,G.Ch.von: Zur wasserwirtschaftlichen Selbstverwaltung. (DÖV,1957, H.2, S.45-47)

Wiethaup: Zum Reichsnaturschutzgesetz. (RdL,1957, H.2, S.29-32)

6. Finanz-, Steuer- u. Preisrecht (einschließlich Finanzgerichtsverfahren)

Bhatt, V.V.: Das Geld- und Kreditsystem der indischen Union. (ZSt, 1957, Bd.113, H.1, S.75-101)

Blind,A.: Die wirtschaftlichen und finanzpolitischen Probleme bei der Rückgliederung der Saar. (AG,1957,H.3, S.78-82)

Bühring,H.: Das deutsch-kanadische Doppelbesteuerungsabkommen. (RiW,1957,H.1, S.1-5) 3

Désor,F.: Die Neufassung der Weisung über Aufbaudarlehen für den Wohnungsbau vom 3.Dez.1956. (DWW,1957,H.2, S.35-37) 5

Ditges,H.: Die Fortgeltung der Gesetze Nr.53 und 33 als deutsches Außenwirtschaftsrecht. (NJW,1957,H.5, S.170-171) 4

Düppe,A.: Umstrittene Absetzungen für Gebäudeabnutzung. Zum AfA - Urteil des Bundesfinanzhofes. (DWW,1957, H.1, S.11-13)

Eckhardt,W.: Organschaft und Unternehmereinheit. (BB,1957,H.5(Beil.), S.1-8)

Fadler,J.: Die haushaltsrechtliche Stellung von Wirtschaftsunternehmen der öffentlichen Hand. (Öff.D.,1957, H.1, S.13-14) 5

Fasold,R.W.: Zur Neugestaltung des Verschmelzungs- und Umwandlungs-Steuerrechtes. (BB,1957, H.6, S.213-215)

Goltz,H.: Lockerung der devisenrechtlichen Beschränkungen des Wertpapierverkehrs. (B,1957,H.6, S.133-135; H.7, S.157-159) 12

Neue Richtlinien über die Grundsteuervergünstigung nach dem 2.Wohnungsbaugesetz. (B,1957, H.10, S.220-223) 5

Haver: Die Oberfinanzdirektion als Steuerfahndungsbehörde. (B,1957, H.5, S.100-102)

Heidrich,J.: Nachträglicher Lohnsteuerjahresausgleich bei "verunglückten" Arbeitnehmerveranlagungen. (BB,1957, H.5, S.181-183)

Heßler,W.: Steuerliche Begünstigung von Prämien für Verbesserungsvorschläge. (B, 1957, H.8, S.172-173) 16

Hinst,B.: Die neue Wertzollordnung der Bundesrepublik Deutschland. (RiW, 1957,H.3, S.42-43)

Holzapfl,W.: Das gesetzliche Selbstkostenprüfrecht der Preisbehörde bei Festpreisverträgen mit öffentlichen Auftraggebern. (DÖV, 1957,H.5, S.142-144)

Kohlenbach,K.: Gesellschafterdarlehen als verdecktes Stammkapital. (B, 1957,H.8, S.173-175)

Lakdawala,D.T.: Die neuere Entwicklung der öffentlichen Finanzwirtschaft in Indien. (ZSt, 1957,Bd.113, H.1, S.102-115)

Lang,H.: Die Änderung der Umsatzsteuerdurchführungsbestimmungen. 8.Verordnung zur Änderung der UStDB vom 7.2.1957. (B,1957,H.7, S.148-151)

Lang,H.: Die Umsatzsteuervergütungen wegen Ausfuhr aus der Bundesrepublik Deutschland auf Grund der geänderten Durchführungsbestimmungen. (RiW,1957, H.2, S.21-25)

Loening,H.: Die Auslegung kommunaler Abgabenordnungen in der Rechtsprechung des Oberverwaltungsgerichts des Landes Nordrhein-Westfalen. (DÖV,1957, H.3, S.68-74)

Masserer,P.: Der Zahlungsverkehr der Bundesrepublik Deutschland mit dem Auslande-zugleich ein Überblick über die noch bestehenden Transferbeschränkungen-nach dem Stande vom 15.März 1957. (RiW,1957,H.3, S.37-42) 3

Mesenberg,H.: Zu den steuerlichen Fragen des Europäischen Gemeinsamen Marktes. (EA,1957, H.4/5, S.9623-9632) 3

Pape,F.W.: Der Erwerb eines Gesellschaftsmantels in steuerlicher Sicht. (BB,1957,H.5, S.179-181) 12

Ruhland,M.: Das steuerrechtliche Offenbarungseidverfahren. (NJW,1957,H.9, S.330-331)

Scheurl,A.von: 7c-Darlehens-Rückfluß bei Erlaß und Todesfall.(BB, 1957, H.7, S.253-255)

Steinberg,W.: Die steuerrechtlichen Vorschriften des Gesetzes über Kapitalanlagegesellschaften. (B,1957,H.9, S.196-199) 12

Thiel,R.: Die einkommensteuerlichen Auswirkungen der Übernahme der Vermögensabgabeschuld anläßlich der Veräußerung von Vermögen. (B, 1957, H.6, S.124-127)

Vogel,H.: Das deutsch-kanadische Doppelbesteuerungsabkommen. (B,1957,H.7, Beilage) 3

Wallis,von: Die Besteuerung von rechtsgeschäftlichen Treuhandverhältnissen. (NJW,1957,H.9, S.321-325) 10

Weber,W.: Zur Gültigkeit des Preisgesetzes.(DÖV,1957,H.2,S.33-36) 4

7.Strafrecht,Strafprozeß

Ackermann, H.: Das Akteneinsichtsrecht des Verteidigers im Verwaltungsstrafverfahren.(NJW,1957,H.7,S.241-243) 2

Arndt,H.: Die strafrechtliche Wirkung des militärischen Befehls nach dem Entwurf des Wehrstrafgesetzes 1956.(GAStr,1957,H.2, S. 46-52)

Dallinger,W.: Aus der Rechtsprechung des Bundesgerichtshofes in Strafsachen. (MDR,1957,H.1, S.13-17; H.3, S.140-143)

Derichsweiler: Jugendschutz im Filmtheater.(UFITA,1957,Bd.23,H.1/2, S.73-76) 7

Dreher,E.: Doppelverwertung von Strafbemessungsumständen.(JZ,1957, H.5/6, S.155-158)

Dreher,E.: Liegt die Sicherungsverwahrung im Sterben? (DRiZ,1957, H.3, S.51-55)

Dünnebier, H.: Die Verkehrsunfallflucht.(GAStr,1957,H.2,S.33-46)

Fuchs,A.: § 153 Abs.2 und 3 StPO im Verwaltungs-Steuerstrafverfahren. (NJW,1957,H.6, S.213-214) 6

Gay,W.: Ladung und Vernehmung: kriminalpolizeiliche Zwangsrechte? (Krim.,1957,H.2, S.48-52)

Gerson,W.: Zur Erscheinung der Halbstarken. (Zbl.JugR,1957,H.2, S.37-41)

Hebler,K.H.: Das Problem der ≫ Fahrerflucht ≪ unter Berücksichtigung der Rechtsprechung.(Krim.,1957, H.3, S.89-92)

Henkel,H.: Die Zulässigkeit und die Verwertbarkeit von Tonbandaufnahmen bei der Wahrheitserforschung im Strafverfahren. (JZ,1957,H.5/6, S.148-155)

Hoffmann,H.: Die Gefährdung des Insassen im Falle des § 315 a StGB. (NJW,1957,H.6, S.211-212)

Jescheck,H.H.: Die Behandlung des Zweikampfs in der Strafrechtsreform. (JZ,1957,H.4, S.108-113)

Jung,H.: Wie steht es um den Jugendarrest? (RdJ,1957,H.6, S.83-86)

Kienzle,W.: Schwangerschaftsunterbrechung, Sterilisation und Kastration nach geltendem Recht. (GAStr, 1956,H.3, S.65-77)

Koeniger,H.: Der Mißbrauch abhängiger Personen (§ 174 Nr.1 StGB). (NJW,1957,H.5, S.161-164)

Kohlhaas,M.: Zulässigkeit, Brauchbarkeit und Preisgabe vertraulicher Gewährsleute im Strafverfahren. (JR,1957, H.2, S.41-44)

Krüger-Thiemer,O.F.: Geschichtliches zur Todesstrafe. (Krim.,1957, H.3, S.86-89) 2

Mittelbach,H.: Die Verletzung der Unterhaltspflicht als Straftatbestand. (MDR,1957, H.2, S.65-68) 14

Pentz;Potrykus: Zur Auslegung des § 42 Abs.3 JGG. (DRiZ,1957, H.2, S.33-34)

Pingel: Die Kriminalität in Berlin nach dem 2. Weltkrieg (1945-1954). (MschrKrim,1956,H.5/6, S.145-167)

Saam,G.: Die Zulässigkeit der Auslieferung wegen Versuchs nach dem deutsch-schweizerischen Auslieferungsvertrag.(GAStr,1957,H.3, S.77-84)

Schneider,E.: Die "Absicht" bei Diebstahl und Betrug im strafrechtlichen Gutachten. (NJW,1957, H.10,S.372-373)

Schnitzerling, M.: Jugendliche und Heranwachsende in Untersuchungshaft. (RdJ,1957,H.6, S.81-82)

Schnitzerling,M.: Die Rechtsmittelbelehrung im Jugendstrafrecht. (Zbl.JugR, 1957, H.1, S.1-4)

Schultz,G.: Blick in die Zeit. (Zum Verfahren gegen Dr.John). (MDR,1957,H.2, S.77-79) 4

Schulze,H.E.: Inwieweit ist die Strafaussetzung eine Ermessensentscheidung? (NJW,1957,H.5, S.172-173)

Schwarz: Rauschtat und Wahlschuldfeststellung.(NJW,1957,H.11,S.401-402)

Steinemann,K.: Zur Modalität der Entlassung aus Jugendstrafen gemäß §§ 88/89 JGG. (Zbl.JugR,1957,H.1, S.5-7)

Das neue Strafgesetzbuch und die Strafrechtsreform. (Universitas, 1957,H.3, S.317-318)

Thier,K.G.: Probleme der Strafrechtsreform. (Krim.,1957,H.2, S.54-56)

Traub,F.: Zur Bedeutung des Wortes "wenigstens" in § 56 StGB. (NJW,1957,H.10, S.370-371)

Webler,H.: Zum Zeugnisverweigerungsrecht des außerehelichen Kindes im Strafverfahren gegen seinen Vater.(Zbl.JugR,1957,H.2,S.41-44)

Weissenborn,H.U.: Zur Frage des Steuergeheimnisses.(NJW,1957,H.7, S.249-250) 6

8.Kriminalistik,Gerichtliche Medizin, Gerichtspsychiatrie-psychologie

Delgado,H.: Die Wesenszüge der anomalen Persönlichkeit und ihre Erforschung durch die Psychiatrie. (Universitas,1957,H.1, S.49-56)

Grassberger,R.: Die Persönlichkeit des Sexualverbrechers. (Krim., 1957,H.3, S.81-86) 7

Im Obersteg,J.;B.Marzetta: Zur Frage "Selbstmord und Witterung". (Dtsch.Z.gerichtl.Med.,1957,Bd.46, H.1,S.18-26)

Lang,T.: Die Homosexualität als genetisches Problem.(MschrKrim, 1956,H.5/6,S.167-182) 7

Rauch,H.J.: Zur Frage eines theoretischen oder pragmatischen Krankheitsbegriffes bei der Beurteilung der Zurechnungsfähigkeit. (MschrKrim,1956,H.5/6, S.182-185) 7

Schleyer,F.: Untersuchungen über den Serum-NH_3-Gehalt in Beziehung zu Leichenalter und Blutgefäßgebiet.(Dtsch.Z.gerichtl.Med., 1957,Bd.46,H.1, S.1-9)

Sjövall,H.;G.E.Voigt: Einiges über das Erscheinungsbild des chronischen Alkoholismus. (Dtsch.Z.gerichtl.Med.,1957,Bd.46,H.1, S.30-41)

9.Gerichtsverfassung (einschließlich Justizverwaltung, Staatsanwaltschaft,Notariat und Anwaltschaft)

Bünger,L.: Zur Frage der Einbeziehung der Richter in die Personalvertretungsgesetze der Länder der Bundesrepublik. (DVBl.,1957,H.3, S.77-81) 5

Corves: Zur Geschichte und Gliederung der Amtsgerichte in Schleswig-Holstein. (SchlHA,1957,H.3, S.60-62) 2

Zur Frage des "Einheitsministeriums". (DRiZ,1957,H.2, S.39)

Hirschmann, K.: Der Rechtspfleger. Stellung und Aufgaben nach dem Rechtspflegergesetz vom 8.Febr.1957. (SchlHA,1957,H.3, S.57-60)

Mellwitz: Die Stellung des Richtertums. (SGb, 1957,H.2 (Beil,), S.5-6) 4

Röhl,W.: Der japanische Richter. (DRiZ,1957, H.2, S.31-33)

Waldeck,M.: Nochmals: Der Jugendrichter. (RdJ,1957, H.6, S.87-89)

Warda,G.: Zur Zulässigkeit der Bildung mehrerer Sonderstrafkammern nach § 74a GVG. (DRiZ,1957,H.2, S.35)

10.Zivilrecht

Albers,H.: Versicherungsprämien als Bestandteil des Mietzinses. (ZMR,1957, H.3, S.77-78)

Ambrosius, L.: Umzugskostenersatz beim Räumen von Wohnungen in Gebäuden, die im Eigentum oder in der Verwaltung der öffentlichen Hand stehen. (Öff.D.,1957,H.1, S.10-12) 5

Böhme, K.E.: Die Veräußerung versicherter Sachen. (BB,1957,H.5, S.167-168)

Böhmer,E.: Ausschaltung des § 831 BGB? (JR,1957,H.1, S.15-16)

Böhmer,E.: Die zivil-und strafgerichtliche Rechtsprechung zum Verkehrsrecht. (JZ,1957,H.3, S.86-88) 7

Cantzler,K.: Die Vorteilsausgleichung beim Schadensersatzanspruch. (AcP,1957,Bd.156,H.1, S.29-59)

Capeller,R.: Gefahrengemeinschaft zwischen Kreditinstitut und Verkäufer bei der Teilzahlungs-Finanzierung? (BB,1957,H.6, S.204-207)

Cohn,E.J.: Spezifisch ausländischer Charakter einer Forderung nach dem Londoner Schuldenabkommen. (NJW,1957,H.9, S.329-330) 3

Emmerich, H.: Beitrag zum Verständnis des § 158 f VVG (Regreß des Versicherers). (NJW,1957,H.6, S.210-211)

Ewald: Besitz und Eigentum an versenkten Schiffen.(MDR,1957,H.3, S.134-137)

Glaser,H.: Recht des Geschäftsraummieters auf Außenwerbung. (WRP,1957,H.1, S.1-3)

Granicky: Anordnung der Testamentsvollstreckung in einem gemeinschaftlichen Testament. (NJW,1957, H.11, S.407-408)

Hartung,H.: Haftpflichtversicherung und Schmerzensgeld. (NJW,1957, H.4, S.125-127)

Jauernig,O.: Unterhaltsurteil, Statusklage und § 826 BGB.(NJW,1957, H.11, S.403-405) 14,15

Kellerhals,E.: Die Zulässigkeit von Finanzierungsbeiträgen zur Instandsetzung von preisgebundenem Wohnraum.(DWW,1957,H.1, S.3-5)

Klauss,H.: Der Bundesgerichtshof zum Abzahlungsgesetz.(TW,1957, H.1, S.23-25)

Kohler,R.: Die Ersatzansprüche des Grundstücksmaklers bei nichtigen Kaufverträgen. (NJW,1957,H.9, S.327-329)

Lüpke,von: Zur Ausgestaltung allgemeiner Geschäftsbedingungen, insbesondere für den Handel mit gebrauchten Kraftfahrzeugen. (BB,1957, H.5, S.169-170)

May,E.: Läßt das Wohnungseigentumsgesetz neben dem Sondereigentum und dem gemeinschaftlichen Eigentum ein Mitsondereigentum einzelner Wohnungseigentümer zu? (JZ,1957,H.3, S.81-84)

Müller,H.: Untermietpreise und 1.Bundesmietengesetz. (NJW,1957,H.7, S.246-249)

Müller,W.: Pflegschaft für ein herrenloses Grundstück? §§ 1913 BGB, 58 ZPO. (JR,1957, H.1, S.16-17)

Nipperdey, H.C.: Faktische Vertragsverhältnisse? (MDR, 1957,H.3, S.129-130) 16

Oschmann,M.: Abstandszahlungen bei Miete und Pacht.(BB,1957,H.7, S.241-244)

Rive,G.: Entwurf eines Mieterschutzgesetzes 1956.(JR, 1957,H.2, S.54-55)

Roquette: Genossenschaftswohnungen als Betriebswohnungen. (ZMR, 1957,H.2, S.37-38)

Schopp,H.: Die Mieterhöhung nach dem Bundesmietengesetz für Mietverhältnisse über gewerblich genutzte Räume und Grundstücke. (BB,1957, H.3, S.97-100)

Schütz,W.: Die Kostenvergleichsmiete.(DWW,1957,H.2, S.26-29)

Schwarz,W.: Haftet das Reich für den zufälligen Untergang von ihm entzogener Sachen? (NJW,1957,H.11, S.405-407)

Süßmilch,H.H.: Zur Sicherungsübertragung von Rechten an Warenlagern. (B,1957, H.9, S.205-206)

Tietz,E.: Zur Auslegung des § 19 Bundesmietengesetz. (NJW, 1957, H.4, S.129-130)

Weimar,W.: Der Auftrag im bürgerlichen und öffentlichen Recht. (SKV, 1957,H.1, S.17-18) 5

Weimar,W.: Kann eine erhebliche Belästigung im Sinne des § 2 MSchG des Untermieters durch den Hauptmieter eine Mietaufhebungsklage des Hauseigentümers rechtfertigen? (DRiZ, 1957,H.2, S.35-36)

Weimar,W.: Die Geschäftsführung ohne Auftrag im privaten und öffentlichen Recht. (SKV,1957,H.2, S.41-42) 5

Zimmermann,W.: Der industrielle Arbeiterwohnungsbau. Geschichte, Leistungen und Lehren. (AG, 1957,H.5, S.159-162) 16

11. Urheber-und Erfinderrecht

Ballhaus,W.: Der Streitwert im Patentnichtigkeitsverfahren. (GRUR, 1957,H.2, S.64-70)

Beier, F.K.: Benutzung und Benutzungszwang im niederländischen Markenrecht. (GRUR Ausl.,1956,H.12, S.523-530)

Froschmaier,F.: Rechtsvergleichende Betrachtungen zum persönlichen Gebrauch im Urheberrecht. (UFITA,1957, Bd.23, H.1/2, S.23-68)

Haupt,W.: Zur Frage des "Zwischenbenutzungsrechts" im deutschen Patentrecht. (GRUR, 1957,H.2, S.70-73)

Henssler, E.: Geschmacksmuster- und Urheberschutz für die industrielle Formgestaltung. (GRUR, 1957,H.1, S.8-16)

Hirsch Ballin, E.D.: Zur Freiheit des Straßenbildes.(Zur sogen.Nachbildungsfreiheit). (UFITA, 1957,Bd.23, H.1/2,S.1-15)

Knap,K.: Neues zum Urheberrechtsgesetz der Tschechoslowakei.(UFITA, 1957, Bd.23, H.1/2, S.69-73)

Moser von Filseck,R.: Internationale Vereinigung für gewerblichen Rechtsschutz.- Der Kongreß in Washington vom 28.Mai bis 2.Juni 1956 und seine Ergebnisse. (GRUR Ausl.,1957,H.1, S.1-7)

Regnault,C.: Die Dokumentation und ihre Forderungen an das Urheberrecht. (GRUR, 1957, H.2, S.73-75)

Runge, K.: Schranken des Urheberpersönlichkeitsrechts.(UFITA,1957, Bd.23, H.1/2, S.16-23)

Troller,A.: Vorschlag für den Abschluß eines Gerichtsstands- und Vollstreckungsabkommens zwischen einzelnen Mitgliedstaaten der PVÜ in Form einer Union restreinte.(GRUR Ausl.,1956, H.12, S.521-523) 3

Wuesthoff,F.: Patentschutz für Pflanzen. (GRUR, 1957,H.2, S.49-56)

12.Handelsrecht,Wertpapierrecht,Kartell-und Wettbewerbsrecht

Becker,R.: Die Stellung des Kapitäns im Handels-,öffentlichen und Arbeitsrecht. (ArbuR, 1957,H.2, S.38-42) 5,16

Benner,J.: Das neue Umwandlungsgesetz für Kapitalgesellschaften. (ArbuR, 1957,H.2, S.33-38)

Büntig, H.: Kartellersatz durch vertikale Preisbindung. (WuW,1957, H.3, S.143-165)

Heim,W.: Übereinkommen über den Beförderungsvertrag im internationalen Straßengüterverkehr (CMR). (B,1957,H.10, S.229-231) 3

Henn,G.: Das geltende Kartellrecht in der Rechtsprechung deutscher Gerichte. (NJW,1957,H.6, S.205-210)

Junckerstorff,K.: Internationaler Wettbewerbsspiegel.(WRP,1957, H.2, S.38-42)

Linhardt,H.: Kreditinstitute im Wettbewerb. Das Verhältnis von Landesaufsicht und Bundesrecht. (WuW,1957, H.1, S.3-21) 5

Mestmäcker,E.J.: Diskriminierungen, Dirigismus und Wettbewerb. (WuW,1957,H.1, S.21-40; H.2, S.92-101)

Nastelski,K.: Der Schutz des Betriebsgeheimnisses. (GRUR,1957,H.1, S.1-8) 11

Necker,K.H.: Noch einmal: Die Spediteur-Übernahme - Bescheinigung im Dokumenten-Akkreditivgeschäft. (RiW, 1957,H.3, S.51-52)

Neumann,E.: Zur Zulässigkeit von Ausfuhrverboten in der Bundesrepublik Deutschland. (RiW,1957, H.3, S.43-46)

Neumeyer,F.: Neuere schwedische Kartellpolitik.(WuW,1957,H.1, S.48-61)

Reimann,G.: Diskriminierung von Lieferanten durch Reißer-Angebote? (WRP,1957,H.1, S.6)

Reimann,G.: Fragen aus dem Zugabe- und Rabattrecht.(WRP,1957,H.3, S.69-72)

Reischauer,F.: Die neue Großbankenregelung. (BB,1957,H.6, S.193-195)

Rotondi,M.: Das Avviamento als das Schutzobjekt der Klage aus unlauterem Wettbewerb und als Kriterium für die Einteilung der unlauteren Wettbewerbshandlungen. (GRUR Ausl.,1956,H.12, S.531-540)

Saint-Gal, I.: Unlauterer und parasitärer Wettbewerb. (Fortsetzung). (GRUR Ausl.,1957, H.1, S.7-17)

Schuler: Ausgleichsansprüche bei Beendigung des Handelsvertreterverträges. (JR,1957, H.2, S.44-47)

Seibert,W.: Die unterschiedliche Stellung des Aufsichtsrates einer AG und einer GmbH. (Mitbest.,1957, H.1, S.7-10)

Siegelmann,H.: Die Grundstücks-Sacheinlage bei Errichtung einer Gesellschaft mit beschränkter Haftung. (BB,1957,H.4, S.137)

Steindorff,E.: Wirkungen des Verbots vertikaler Preisbindungen in Canada. (WuW,1957,H.1, S.61-63)

Strickrodt,G.: Liefer- und Leistungsverträge unter den Wirkungen des Kartellverbots. (WuW,1957, H.2, S.75-92)

Völp,F.: Preisbindung bei Markenartikeln auf dem Hintergrund der Rechtsprechung des Bundesgerichtshofes. (WRP, 1957,H.2,S.33-37)

Wetzling,W.: Private Krankenversicherung im Wettbewerb.(WRP,1957, H.3, S.65-68)

Zilias,M.: Die Behandlung ausländischer Konzernunternehmen im Rahmen der Holding-Novelle. (NJW,1957,H.9, S.325-326) 18

13.Landwirtschaftsrecht

Ebeling: Naturalpacht und Naturalwertpacht bei Landpachtverträgen. (RdL,1957,H.1, S.5-7)

Lange,R.: Über Währungsklauseln im Landwirtschaftsrecht.(NJW,1957, H.7, S.250-252) 6

Riedel,F.: Die Rechtsprechung in Landwirtschaftssachen im Jahre 1956. (JZ, 1957,H.4, S.118-120)

Riedel,F.: Die Rechtsprechung zum Verfahrensrecht der Landwirtschaftsgerichte. (JZ,1957,H.5/6, S.165-166)

Wöhrmann:Bestimmung des Hoferben durch den sippegebundenen Ehegatten. (RdL,1957,H.2, S.33-34)

14.Familienrecht

Braga,S.: Die Eingliederung des Saarlandes. Familienrechtliche, internationalprivatrechtliche und staatsangehörigkeitsrechtliche Fragen. (FamRZ,1957,H.2, S.37-40) 4,18

Dewitz,B.von: Die Auswirkungen eines Streiks auf die Unterhaltspflicht des Streikenden.(SchlHA, 1957,H.3, S.62-66) 16

Marcus,F.: Die Einführung der "starken" Adoption in Dänemark. (JZ, 1957,H.4, S.113-116)

Merzbacher,F.: Die Zugewinngemeinschaft. Eine wiederentdeckte Institution des ehelichen Güterrechts. (AcP, 1957,Bd.156,H.1,S.1-28)

Schwarzhaupt,E.: Die Wirkungen der Ehe im allgemeinen.(FamRZ,1957, H.2, S.33-37)

15.Zivilprozeß und Freiwillige Gerichtsbarkeit

Alexander-Katz, G.: Die Zwangsvollstreckung aus OLG-Urteilen im gewerblichen Rechtsschutz. (NJW,1957,H.11, S.409-411) 11

Bull: Die Lehren eines Falles.(Grundlegende Verfahrensmängel in einem einfach gelagerten Schadensersatzprozeß).(ZZP,1957,Bd.70, H.1/2, S.60-76)

Donau, H.: Zur Fassung des Schmerzensgeldantrags.(NJW,1957,H.4, S.130-131)

Göttlich, W.: Die Zwangsvollstreckung in Schutzrechte.(MDR,1957, H.1, S.11-13)

Heyn,K.: Anschlußberufung und Stufenklage.(NJW,1957, H.6, S.212-213)

Lengler, K.G.: Die Einheit der rechtsprechenden Gewalt als prozeßrechtliches Problem. (JZ,1957,H.3, S.79-81) 9

Lipschitz,K.G.: Ersatzzustellungen in der Bundeswehr.(DRiZ,1957, H.2, S.34-35)

Matthiessen: Grundsätzliches zur Beiordnung eines Korrespondenzanwalts, insbesondere in Ehesachen.(FamRZ,1957,H.2, S.45-47)

Niese,W.: Die allgemeine Prozeßrechtslehre und der Rechtskrafteintritt bei zurückgenommenen und unzulässigen Rechtsmitteln.(JZ,1957, H.3, S.73-78) 7,9

Rittmann,H.;von Lüpke: Zum Versäumnisurteil in einem nach Abschluß eines Prozeßvergleichs fortgesetzten Verfahren. (NJW,1957,H.11, S.408-409)

Rosenberg,L.: Die gewillkürte Parteiänderung im Zivilprozeß.(ZZP, 1957, Bd.70,H.1/2, S.1-7)

Schandau, H.: Hausratsteilungsverfahren, einstweilige Anordnung und einstweilige Verfügung. (JR, 1957,H.2, S.55-56) 14

Schubath,E.: Kann vor Beginn der Zwangsvollstreckung wirksam auf Räumungsschutz verzichtet werden? (JR,1957,H.2, S.51-53)

Servos,J.: Die Vollstreckung ausländischer Urteile und Schiedssprüche in Frankreich. (MDR,1957, H.2, S.75-77) 18

Sieg,K.: Aktuelle Fragen der französischen Schiedsgerichtsbarkeit, verglichen mit dem deutschen Recht. (DRiZ,1957,H.2, S.27-29)

Sprotte:Ein Änderungsvorschlag für das Verfahren in Rechtsstreitigkeiten über vermögensrechtliche Ansprüche. (DRiZ,1957,H.2, S.25-26)

Weyreuther,F.: Die höchstrichterliche Rechtsprechung zum Anscheinsbeweis. (DRiZ,1957, H.3, S.55-59)

Zeuner,A.: Nicht-säumnisursächliches Parteiverhalten als Wiedereinsetzungshindernis. (JZ,1957, H.5/6,S.158-161)

16.Arbeitsrecht und Arbeitsgerichtliches Verfahren

Apel,G.: Zur Wahl des stellvertretenden Vorsitzenden des Betriebsrats. (Mitbest.,1957, H.1, S.21-24)

Die sozialpolitischen Auswirkungen der Automatisierung. (AG,1957, H.5, S.139-141)

Becker,R.: Zum Entwurf eines Seemannsgesetzes.(ArbuR,1957,H.1, S.10-16) 5,7

Gewährung von Bergmannsprämien. (B,1957,H.4, S.93-94) 6

Bohn,H.: Tariflicher Akkordrichtsatz und Geldfaktor.(RdA,1957,H.2, S.51-55)

Boldt, G.: Die Wahlordnung zur Holding-Novelle. (RdA,1957,H.1, S.14-16) 12

Bornheim, E.: Fortgeltung früherer Gleichstellungen im Heimarbeitsschutz? (RdA,1957,H.2, S.67-68)

Colquhoun,I.: Streikabwehr durch die "Free Press Society" (ZV u.ZV, 1957,H.2, S.33-34)

Correll,H.: Nochmals: Zur Beschäftigungspflicht bei Filmschaffenden. (UFITA, 1957,Bd.23,H.1/2, S.76-81)

Dockhorn,R.: Die Ansprüche des Arbeitgebers bei unbegründeter fristloser Beendigung des Arbeitsverhältnisses durch den Arbeitnehmer. (AG,1957,H.5, S.166-168)

Dopfer,C.: Zur Amtszeit der Arbeitnehmervertreter im Aufsichtsrat. (B,1957,H.4, S.93) 12

Dratwa,H.: Arbeitsrechtliche Probleme bei der Eingliederung des Saarlandes in die Bundesrepublik. (RdA,1957,H.1,S.1-7) 4

Franke,R.: Zur Problematik des § 9 TVG (Außenseiter bei ergänzenden Lohntarifverträgen zu Tarifordnungen). (RdA,1957, H.2, S.55-57)

Gramm,H.: Tarifliche Eingruppierung bei Wechsel der Tätigkeit. (B, 1957,H.6, S.140-142)

Güntner, H.: Die gesetzliche Verwirkung der Feiertagsvergütung und die terminologische Erweiterung des Verwirkungsbegriffs im Sinne unzulässiger Rechtsausübung. (ArbuR, 1957,H.1, S.17-19; H.2,S.42-48)

Gumpert,J.: Verfassungsrechtliche Gleichheit vor dem Gesetz im Arbeitsrecht. (BB,1957, H.7,S.256-257) 4

Gumpert,J.: Haftung des Arbeitgebers für eingebrachte Sachen der Arbeitnehmer. (BB,1957,H.3, S.114-118)

Hess,H.G.: Betriebsratswahlen. (BB,1957,H.4 (Beil.),S.1-6)

Hilger, M.: Mitbestimmungsrecht bei Verlegung der Arbeitszeit.(BB, 1957,H.6, S.219-220)

Hoffmann,D.: Mitteilung der Schwangerschaft nach dem Mutterschutzgesetz. (BB,1957,H.6, S.222-224)

Jaerisch: Aus der neueren Rechtsprechung des Bundesarbeitsgerichts. (JR,1957,H.1, S.10-15)

Krüger, H.: Die Rechtsnatur der Allgemeinverbindlichkeitserklärung. (RdA, 1957,H.2, S.46-51) 5

Lobeck,M.: Gedanken zur Schlichtung. (BB,1957, H.7, S.231-234)

Matthes,W.: Kürzere Arbeitszeiten durch Tarifverträge.(Mitbest., 1957, H.1, S.1-6)

Meissinger,H.: Streikende Arbeitnehmervertreter im Aufsichtsrat. (B,1957, H.10, S.236-237) 12

Minta,H.: Beziehungen zum internationalen Arbeitsmarkt.(Soz.Sicherh., 1957, H.2, S.47-49) 3

Moeller,W.: Die Arbeitszeit. (ASP, 1957,H.3, S.75-78)

Molitor,E.: Arbeitsverhältnisse und Mitgliedschafts-(Gesellschafts-) verhältnisse. (B,1957, H.7, S.164-165) 12

Molitor,E.: Höchstbegrenzung von Tarifnormen. (BB,1957,H.3, S.85-88)

Monjau,H.: Das Ruhegeldversprechen. (B,1957,H.8, S.188-191) 17

Mozer, A.: Die "Stiftung der Arbeit" in den Niederlanden.(AG,1957, H.3, S.86-87) 17

Neumann,E.: Kollektivvereinbarungen über die Wirksamkeit von Lohnabtretungen. (BB, 1957,H.3, S.111-112)

Ortleb,H.: Probleme der Rechtsangleichung von Bundesrepublik und Saarland auf dem Gebiete des Arbeitsrechts. (ArbuR,1957,H.1,S.1-10)

Piper,F.: Ist die Arbeitskraft freizügig? (Mbl.freiheitl.Wipol., 1957,H.2, S.82-87)

Rehhahn,H.: Lohntarif und industrielle Kostenstruktur.(Gew.Mon.H., 1957, H.2, S.97-103)

Reinhardt: Zu den Vorschlägen der Arbeitsgemeinschaft der tarifrechtlichen 131er-Verbände zum Regelungsgesetz.(RdA,1957,H.2, S.65-66) 5

Rewolle, H.D.: Der Minderheitenschutz im Betriebsverfassungsgesetz und die Möglichkeiten seiner Verwirklichung.(BB,1957,H.6, S.225-228)

Rick: Soll die Richterbank der Landesarbeitsgerichte mit nur einem Berufsrichter besetzt bleiben? (RdA,1957, H.1, S.24-25)

Rüstig,H.: Die Arbeitsgerichtsbarkeit in Österreich.(ArbuR, 1957, H.2, S.50-54)

Schregle,J.: Ausländische Arbeitsgesetzgebung.(3.Folge).Australien-Neuseeland. (RdA, 1957,H.2, S.70-71)

Schulte Langforth, M.: Das Ladenschlußgesetz. (RdA, 1957,H.2, S.41-46) 5

Sperling,H.: Die Ordnung der Berufe nach der Arbeitsschwere als systematische Aufgabe. (SCHM.JB.,1957, H.1, S.47-56)

Spiegelhalter, F.: Zur Arbeitszeiterhebung in der Industrie. (AG, 1957, H.3,S.83-85)

Stich,H.: Landwirtschaftliche und industrielle Löhne.(AG,1957,H.5, S.156-158) 13

Weicken,H.: Vorschriften über die Beschäftigung ausländischer Arbeitnehmer. (BB,1957, H.7, S.260-263)

Zöllner, W.: Das Rauchverbot (im Betrieb). (B,1957,H.5, S.117-118)

17.Sozialrecht,Sozialgerichtsbarkeit und Verfahren

Boßmann,A.: Die Dienstaufsicht in der Sozialgerichtsbarkeit. (Soz.Sicherh.,1957,H.2, S.45-46)

Doublet,J.: Zehn Jahre Soziale Sicherheit in Frankreich.(ZSR,1957, H.1, S.17-18)

Ecker,W.: Die Frage des subjektiven öffentlichen Rechts auf Rehabilitation. (ZSR,1957,H.1, S.10-12) 5

Elsholz, K.: Die finanziellen Auswirkungen der Rentenreform.(BB, 1957,H.5, S.157-158)

Enz,R.: Die Widerklage im sozialgerichtlichen Verfahren.(SGb.,1957, H.1, S.11-12)

Etmer,F.: Weshalb Sozialrichter? (SGb.,1957,H.1,(Beil.),S.1-4)

Franke,W.: Kann die soziale Krankenversicherung die Wünsche der Versicherten(Anspruchsberechtigten) nach Versicherungsleistungen erfüllen und die Forderungen der Heilberufe begleichen? (ASP,1957, H.3, S.85-87)

Gassert, G.: Die neue Rentenversicherung - Und wie weiter?(ASP,1957, H.2, S.41-45)

Grotkamp, G.: Neuordnung des AVAVG.(Gesetz über Arbeitsvermittlung und Arbeitslosenversicherung).(ASP,1957,H.2, S.51-55) 16

Hauck: Die Bestimmung der Zuständigkeit im sozialgerichtlichen Verfahren. (NJW,1957,H.4, S.127-129)

Heissmann,E.: Die Auswirkungen der Rentenreform auf Rückstellungen für Ruhegeldverpflichtungen. (BB,1957,H.4, S.144-147) 6,16

Heissmann,E.: Die Auswirkungen der Rentenreform auf außerbetriebliche Versorgungseinrichtungen und Rückdeckungsversicherungen. (BB,1957,H.6, S.215-218) 6,10

Heissmann,E.: Betriebliche Ruhegeldverpflichtungen und Sozialreform. (AG, 1957, H.4, S.111-116) 16

Heldtke, H.: Zur Auslegung des Begriffs der Berufsunfähigkeit i.S.des § 35 Reichsknappschaftsgesetz. (ASP, 1957,H.3,S.87-89)

Heubeck,G.: Die neuen Sozialrenten für Arbeiter und Angestellte. (BB,1957,H.4, S.125-128)

Höcker, L.: Die Sonderstellung der Knappschaft innerhalb der Rentenversicherung der Arbeiter und Angestellten. (ASP, 1957, H.2, S.45-48)

Hoernigk, R.: Grundzüge des Rentenreformgesetzes. (BB, 1957, H.4, S.121-125)

Hoffmann, E.V.: Der Inhalt des § 214(1) Ziff.1 SGG, nach dem Wortlaut und nach dem Gesetzessinn und die Möglichkeit der Analogie. (Betr.Berufung). (SGb, 1957, H.2, S.33-34)

Hofmann: Die Errichtung des Bundesversicherungsamtes. (ZSR, 1957, H.1 (Beil.), S.1-3) 5

Jerosch, W.: Die Problematik des Wortes "kann" in den Vorschriften der Reichsversicherungsordnung. (SGb,, 1957, H.1, S.1-6)

Kepp: Die Soziale Bedeutung der Frauenarbeit. (ZSR, 1957, H.1, S.5-7) 16

Koch: Mitverantwortung durch Beitragserstattung. (Krankenversicherung). (ZSR, 1957, K.1., S.13-14)

Krebs, H.: Die neuen Bestimmungen des Gesetzes über Arbeitsvermittlung und Arbeitslosenversicherung (AVAVG). (RdA, 1957, H.1, S.7-14) 16

Krüger, H.: Witwerrente und Waisengeld nach dem Tod der sozialversicherten (versorgungsberechtigten) Ehefrau und Mutter. (MDR, 1957, H.2, S.68-70) 4

Ludwig, K.: Probleme einer künftigen Rentenberechnung im Hinblick auf fremde oder nur glaubhaft gemachte Versicherungszeiten. (ZSR, 1957, H.1, S.7-10)

Lüttgens, J.: Kindergeld in der Fürsorge- und Jugendamtspraxis. (Zbl.JugR, 1957, H.2, S.44-46) 5

Mende, E.: Sozialreform - Schlagwort oder Programm? (Politische Studien, 1957, H.81, S.20-26)

Pense, R.; W. Bangert: Die Barleistungen für Kinder und Jugendliche in der deutschen Sozialgesetzgebung. (RdJ, 1957, H.3, S.41-43)

Preuß, W.: Zur freiwilligen Weiterversicherung in der gesetzlichen Krankenversicherung. (Soz.Sicherh., H.2, S.50-52)

Ransweiler, P.: Gute, volksnahe Versicherungsämter sind notwendig! (ZSR, 1957, H.1 (Beil.), S.3-6) 5

Rentenreform vom Bundestag verabschiedet. (AG, 1957, H.3, S.89-94)

Der Arbeitgeber und das neue Recht der Rentenversicherung. (B, 1957, H.9, S.212-214)

Reform der knappschaftlichen Rentenversicherung. (Soz.Sicherh., 1957, H.2, S.40-44)

Rentenversicherungsgesetze brachten Verbesserungen. (Soz.Sicherh., 1957, H.2, S.33-37)

Salzmann, W.: Pensionierte Sozialreform oder reformierte Sozialpension? (Mbl.freiheitl.Wipol.,1957, H.3, S.144-148)

Schewe: Möglichkeiten einer Befreiung von der Versicherungspflicht für Angestellte. (BB,1957,H.4, S.150-153)

Schreiber,W.: Kriegsopferversorgung und Rentenreform und die 6.Novelle zum Bundesversorgungsgesetz. (ASP, 1957,H.3, S.83-84)

Stamm: Einführung in die Sozialversicherung. (SKV,1957,H.3, S.61-64)

Tschischgale,M.: Das Armenrecht im Verfahren der Sozialgerichtsbarkeit. (NJW, 1957,H.5, S.164-169)

Tschischgale, M.: Die Gebührenfestsetzung nach § 196 Abs.4 SGG. (SGb,1957,H.2, S.34-37)

Tschischgale,M.: Die Vergütung der Sachverständigen im Sozialgerichtsverfahren. (SGb.,1957,H.1, S.6-10)

Tzschach: Allgemeine Kammern und allgemeine Senate in der Sozialgerichtsbarkeit? (SGb, 1957, H.2, S.37-38)

Wängler,K.: Der Vertrauensärztliche Dienst in Gegenwart und Zukunft. (ZSR,1957, H.1, S.2-4)

Wannagat: Die neuen Rentenversicherungsgesetze. (NJW,1957, H.10, S.364-367)

Wudtke,G.: Die Entschädigung der Sozialrichter, Landes- und Bundessozialrichter. (SGb,1957,H.2 (Beil.),S.6-7)

Zumbansen: Die freiwillige Versicherung in der Rentenversicherung nach den Neuregelungsgesetzen. (BB,1957, H.5, S.187-190)

18.Internationales Privatrecht

Baade, H.W.: Wohnsitz und Staatsangehörigkeit nach holländischem Erbstatut. (NJW,1957,H.5, S.171-172)

Dölle, H.: Über die Anwendung fremden Rechts. (GRUR,1957,H.2, S. 56-63)

Fikentscher, W.: Probleme des internationalen Gesellschaftsrechts. (MDR,1957,H.2, S.71-75) 12

Müller-Freienfels, W.: Scheidungsstatut und Gleichberechtigung. (JZ,1957,H.5/6, S.141-148) 14

19.Juristische Ausbildungs-und Prüfungsfragen

Brintzinger, O.L.: Der Kampf um das Wirtschafts-Referendariat. (JZ,1957, H.3, S.84-86)

Brintzinger,O.L.: Problematik der gegenwärtigen und zukünftigen Verwaltungsausbildung. (DÖV,1957,H.3, S.78-81; H.4,S.109-112(5

Mühl: Das Ziel der Referendarausbildung.(MDR,1957, H.1, S.3-6)

Entschließung der Fakultätenkonferenz zur juristischen Studienreform. (JZ,1957,H.4, S.116-117)

Wengler, W.: Juristische Studienreform, ein Anfang oder ein Ende? (NJW,1957,H.6, S.201-205)

Zuck, R.: Im Rechtskreis gebildet? (Bedeutung der Allgemeinbildung für die Jurisprudenz). (JZ,1957,H.5/6, S.163-165)

C.11.(21.) VERZEICHNIS DER NEUERWERBUNGEN DER BIBLIOTHEK DES DEUTSCHEN INSTITUTS FÜR RECHTSWISSENSCHAFT 1)

1.ALLGEMEINES

1.Allgemeine und bibliographische Nachschlagewerke,Wörterbücher, Buch- und Bibliothekswesen

Blattner,K.: Langenscheidts Taschenwörterbuch der russischen und deutschen Sprache. T.1. Russ.-Dt. T.2. Dt.-Russ. 15.Aufl. Berlin 1956. Getr.Pag. II Ea 17592

Däbritz,W.;W.Stupp: Die Forschungsinstitute im Ruhrgebiet innerhalb der Wirtschafts-und Sozialwissenschaften,d.Naturwiss.,Medizin u. Technik. Düsseldorf 1956. 128 S. II Ea 17646

(Die litarische Arbeit der Mitarbeiter des Rechts-u.Staatswissenschaftlichen Instituts von 1950-1954, ungar.:) Az állam-es jogtudományi intézet dolgozóinak iradalmi munkássága.1950-1954. Budapest 1955. 35 S. IV Eb 797

Sacerdote,G.: Langenscheidts Taschenwörterbuch der italienischen und deutschen Sprache. T.1: Ital.-dt. T.2: Dt.-Ital.Neubearb. 13.Aufl. Berlin 1956. Getr.Pag. II Ea 17591

Sanfilippo, C.: Bibliografia romanistica italiana (1939-1949). Catania 1949. 103 S. V Ea 15583

Verlag der Tschechoslowakischen Akademie der Wissenschaften. Übersicht der Publikationen 1956. Prag 1956. 63 S. IV Ea 15868

1) Die hier angezeigte Literatur ist gemäß der Benutzungsordnung der Bibliothek des Deutschen Instituts für Rechtswissenschaft, für die Mitglieder des Deutschen Instituts für Rechtswissenschaft, Ministerien und zentrale Institutionen der Deutschen Demokratischen Republik und nach der Leihverkehrsordnung der Bibliotheken ausleihfähig.-Verzeichnis 1-10 ist enthalten im Mitteilungsblatt des Deutschen Instituts für Rechtswissenschaft 1953, Nr 1-1955, Nr 3.

(Bibliographie des Verfassungsrechtes, der Garantien und Schutzbestimmungen Mexikos, span.:) Ensayo bibliografico de derecho constitucional Mexicano y de garantias y amparo. Mexiko 1947. 173 S. V Ea 15191

Walentynowicz,M.;A.Wędzi: (Bibliographie des Inhalts der Zeitschrift Przeglad zachodin der Jahre von 1945-1955, poln.:) Bibliografia zawartości Przeglądu zachodniego 1945-1955. Posen 1957. 124 S. IV Ea 16000

2.Biographien

Fotieva, L.: (Aus dem Leben Lenins, russ.:) Iz žizni Lenina. Moskau 1956. 82 S. III Ea 17542

Franklin, B.: Autobiographie nebst einer Auswahl von Briefen, Dokumenten u.Flugschriften. Hrsg.von A.Schlösser. Berlin 1956. 455 S. I Ea 17238

Lenin, wie wir ihn kannten. Erinnerungen alter Kampfgefährten. (Aus d.Russ.übers.) Berlin 1956. 127 S. I Ea 17648

Scholz, F.: Ein Leben für die Gerechtigkeit. Erinnerungen. Berlin 1955. 164 S. II Ea 17014

Weymar, P.: Konrad Adenauer. Die autorisierte Biographie. 3.Aufl. München 1955. 781 S. II Ea 17704

Zetkin, C.: Erinnerungen an Lenin. Mit e.Anh. Aus d.Briefwechsel C.Zetkins mit W.I.Lenin u.N.K.Krupskaja. Berlin 1957. 115 S. I Ea 17636

3.Philosophie

Friedrich Engels'philosophische Leistung und ihre Bedeutung für die Auseinandersetzung mit der bürgerlichen Naturphilosophie. Engels-Konferenz 1955. Berlin 1957. 140 S. I Ea 17752

Hartley,E.L.;R.E.Hartley: Die Grundlagen der Sozialpsychologie. (Aus d.Amerikan.übers.) Berlin 1955. 514 S. II Ea 14614

Maihofer, W.: Vom Sinn menschlicher Ordnung. Frankfurt/M.1956. 88 S. II Ea 17133

Marx,K.;F.Engels: Werke. Bd 1. Berlin 1956. 659 S. I Ea 17446

Plechanov,G.V.: (Ausgewählte philosophische Schriften. T.1.2,russ.:) Izbrannye filosofskie proizvedenija. T.1.2. Moskau 1956. T.1: 847 S. T.2: 824 S. III Ea 17307

Weinstock,H.: Die Tragödie des Humanismus. Wahrheit u.Trug im abendländischen Menschenbild. 3.Aufl. Heidelberg 1956. 362 S. II Ea 17333

Zweiling, K.: Freiheit und Notwendigkeit. Berlin 1956. 47 S. I Ea 17758

4. Wirtschaftswissenschaft

Tradition und Fortschritt. Reden auf d.Kundgebg anläßl.d.50 jähr. Bestehens v Arbeitgeberverbänden in Nordrhein-Westfalen am 16.Juli 1954, in Düsseldorf. Düsseldorf 1954. 39 S. II Ea 17741

Arnold,H.;H.Borchert;J.Schmidt: Oekonomik der sozialistischen Industrie in der Deutschen Demokratischen Republik. Lehrbuch. Berlin 1956. 591 S. I Ea 17184

Bajt,A.: (Marx' Wertgesetz, slowen.:) Marxov zakon vrednosti. Ljubljana 1953. 362 S. IV Ea 15594

Barbag,J.;S.Berezowski: Ökonomische Geographie der Volksrepublik Polen. Berlin 1956. 243 S. I Ea 17537

Beljavskaja, I.A.: (Die innere Wirtschaftspolitik der USA von 1917-1918, russ.:) Vnutrennaja ekonomičeskaja politika SŠA, 1917-1918. Moskau 1956. 159 S. III Ea 14394

Charachaš'jan, G.: (Der neue Aufschwung in der Wirtschaft der Deutschen Demokratischen Republik, russ.:) Ekonomika Germanskoj Demokratičeskoj Respubliki na novom pod'eme. Moskau 1956. 46 S. III Ea 15747

Cottrell,F.: Energy and society. The relation between energy,social change and economic development. New York, Toronto,London 1955. 330 S. V Ea 14867

Elbakian, A.I.: (Die wirtschaftliche Niederlage des faschistischen Deutschland im Krieg gegen die UdSSR, russ.:) Ekonomičeskoe poraženie fašistskoj Germanii v vojne protiv SSSR. Moskau 1955. 94 S. III Ea 13784

Friedrichs,H.: Ergebnisbeteiligung in der Praxis. Eine Bestandsaufnahme in Westdeutschland. Essen 1956. 166 S. II Ea 17699

Goldschmidt, D.: Stahl und Staat. Eine wirtschaftssoziologische Untersuchung zum britischen Nationalisierungsexperiment. Stuttgart, Düsseldorf 1956. 290 S. II Ea 14679

Gross,H.: Manager von Morgen. Partnerschaft als Wirtschaftsform d. Zukunft. Düsseldorf 1952. 319 S. II Ea 17594

Hahn,L.A.: Probleme staatlicher Konjunkturbeeinflussung. 2.Aufl. Frankfurt/M. 1956. 35 S. II Ea 17250

Hanfland, C.: Planarbeit. Grundlage e.neuen Wirtschaftssxstematik. Stuttgart, Düsseldorf 1954. 69 S. II Ea 17691

Kuczynski,J.: Studien zur Geschichte des Kapitalismus. Berlin 1957. 246 S. I Ea 17753

Langelütke, H.: Grenzen und Voraussetzungen der Konjunkturstabilisierung. Berlin, München 1956. 25 S. II Ea 17223

Mendes-France,P.;G.Ardant: Theorie und Praxis im Wirtschaftsleben. (Aus d.Französ.übers.) Bd 1. Frankfurt/M. 1956. 281 S.II Ea 17697

Pagirev,B.V.: (Rumänien. Wirtschaftsgeographische Abhandlung,russ.:) Rumynija. Ekonomiko-geografičeskij ocerk. Moskau 1955. 262 S. IV Ea 15686

Petrov, A.I.: (Was ist die sozialistische Akkumulation, russ.:) Čto takoe socialističeskoe nakoplenie. Moskau 1956. 39 S. III Ea 15693

Reinhold, O.: Die Akkumulation des Kapitals und die Verelendung der Arbeiterklasse im Kapitalismus. Berlin 1957. 68 S. I Ea 17517

Sanke,H.: Politische und ökonomische Geographie. Einführung. Berlin 1956. 574 S. I Ea 17538

Spindler, G.P.: Mitunternehmertum. Vom Klassenkampf zum sozialen Ausgleich. Lüneburg 1951. 118 S. II Ea 17672

Die Einheit der Wirtschaft. Kundgebung d.nordrheinisch-westfälischen Wirtschaft mit Adenauer u.Erhard am 30.Juni 1953 in Essen. Düsseldorf 1953. 31 S. II Ea 17740

5.Geschichte

Beike,H.: Die deutsche Arbeiterbewegung und der Krieg. Mit e.Dok.-Anh. Berlin 1957. 108 S. I Ea 17763

Beyer, H.: Von der Novemberrevolution zur Räterepublik. Berlin 1957. 184 S. I Ea 17756

Brüchner, H.: Die Geschichte der Sorben bis zum Verlust ihrer politischen Selbstständigkeit. Bautzen 1955. 41 S. I Ea 17759

Jahrbuch für Geschichte der deutsch-slawischen Beziehungen und Geschichte Ost -und Mitteleuropas. Bd 1. Halle 1956. 291 S. I Ea 17182

Engels,F.: Der Deutsch-Französische Krieg 1870/71. Sechzig Artikel aus d."Pall Mall Gazette". Berlin 1957. 339 S. I Ea 16230

Gaponenko,L.S.: (Die Kommunistische Partei-der Organisator u.Führer der Grossen Sozialistischen Oktoberrevolution, russ.:) Kommunističeskaja Partija-organizator i vožd'Velikoj Oktjabr'skoj Socialističeskoj Revoljucii. Moskau 1955. 55 S. III Ea 15374

Garsia, Ch.: (Das spanische Volk im Kampf um Freiheit und Demokratie,gegen den Faschismus (1931-1939), russ.:) Ispanskij narod v bor'be za svobodu i demokratiju,protiv fašizma (1931-1939). Moskau 1956. 199 S. III Ea 13912

Gentzen,F.H.: Deutschland und Polen. Ein Ueberblick über d.deutsch-polnischen Beziehungen. Leipzig, Jena 1956. 124 S. I Ea 17300

Golikov,G.H.: (Die Grosse Sozialistische Oktoberrevolution u.ihre Bedeutung für die Völker Russlands, russ.:) Velikaja Oktjabr'skaja Socialističeskaja Revoljucija i ee značenie v sud'bach narodov Rossii. Moskau 1955. 39 S. II Ea 13370

Gregor von Tours: Zehn Bücher Geschichten. Bd 2, Buch 6 -10. Auf Grund der Übersetzung W.Giesebrechts neubearbeitet von R. Buchner. Berlin (um 1955.) 476 S. I Ea 14006

Haselmayr,F.: Bismarcks Reichssicherung gegen Russland< 1879-1884 >. Der Erwerb deutschen Kolonialbesitzes < 1884-1885 >. München 1956. 161 S. II Ea 17702

Heidegger,H.: Die deutsche Sozialdemokratie und der nationale Staat 1870-1920. Unter bes.Berücks.d.Kriegs-u.Revolutionsjahre. Göttingen, Berlin,Frankfurt 1956. 401 S. II Ea 17590

Herrmann,J.: Das Vermächtnis der deutschen Frauenbewegung. Berlin 1957. 78 S. I Ea 17616

Kadar,I.: (Die Lage der Arbeiterklasse zur Zeit des Horthy-Systems, ungar.:) A munkásosztály helyzete a Horthy-Rendszer idején. Budapest 1956. 334 S. IV Ea 14829

Kirby,E.S.: Einführung in die Wirtschafts-und Sozialgeschichte Chinas. (Aus d.Engl.übers.) München 1955. 239 S. II Ea 17020

Krupp und die Hohenzollern. Aus d.Korrespondenz d.Familie Krupp. 1850-1916. Hrsg.von W.Boelcke. Berlin 1956. 162 S. I Ea 17203

Mark,B.: Der Aufstand im Warschauer Ghetto. Entstehung u.Verlauf. (Aus d.Poln.übers.) Berlin 1957. 428 S. I Ea 17207

Michajlov,M.I.: (Der kommunistische Verband - die erste internationale Organisation der Arbeiterklasse, russ.:) Sojuz kommunistov - pervaja meždunarodnaja organizacija rabočego klassa. Moskau 1956. 39 S. III Ea 15522

Pariser Kommune 1871. Warschau 1955. 293 S. IV Eb 386

Proesler, H.: Hauptprobleme der Sozialgeschichte. Erlangen 1951. 176 S. II Ea 17751

Rasmuss, H.: Die Januarkämpfe 1919 in Berlin. Berlin 1956. 56 S. I Ea 14983

Ruben,W.: Die Lage der Sklaven in der altindischen Gesellschaft. Berlin 1957. 111 S. I Ea 17754

Schieder,Th.: Nationale und übernationale Gestaltungskräfte in der Geschichte des europäischen Ostens. Krefeld 1954. 53 S. II Ea 17644

Der Kampf der deutschen Sozialdemokratie in der Zeit des Sozialistengesetzes 1878-1890. Die Tätigkeit der Reichskommission. Hrsg,: L.Stern. Berlin 1956. 560 S. I Ea 17612

Akademija Nauk Uzbekskoj SSR. Institut istorii i archeologii. (Geschichte der Usbekischen SSR. T.1, russ.:) Istorija Uzbekskoj SSR. Čast 1. Taschkent 1955. 542 S. III Ea 356

Winter,E.: Der böhmische Vormärz in Briefen B.Bolzanos an F. Příhonsky (1824-1848). Beiträge zur deutsch-slawischen Wechselseitigkeit. Berlin 1956. 306 S. I Ea 17523

6.Politik

Blücher,F.: Über die Meinungsforschung. Allensbach/Bodensee 1955. 14 S. V Ea 17579

Bolotin,A.: (Die neueste Konferenz der RKP (b),russ.:) Devjataja konferencija RKP (B). Moskau 1956. 45 S. III Ea 15440

Ehlers,H.: Führer und Funktionär in der deutschen Politik. Vortr. anläßl.d.Semesterabschlußfeier d.Dt.Hochschule f.Politik, Berlin im Febr.1954. Berlin 1956. 28 S. II Ea 17694

Hammerschmidt,H.;M.Mansfeld: Der Kurs ist falsch. Wien,München, Basel 1956. 81 S. V Ea 17743

Heyden,G.: Geopolitik - ideologische Kriegsvorbereitung in Westdeutschland. Leipzig, Jena 1956. 35 S. I Ea 17120

Kluxen,K.: Das Problem der politischen Opposition. Entwicklung u. Wesen d.engl.Zweiparteienpolitik im 18.Jh. Freiburg,München 1956. 295 S. II Ea 17600

Lenin, V.I.: Ueber "linke" Kindereien und über Kleinbürgerlichkeit. Rede über Naturalsteuer. (Aus d.Russ.übers.) Berlin 1957, 56 S. I Ea 17450

Lindemann, K.A.: Die rechtlichen Grenzen der Meinungsforschung. Frankfurt/M. 1956. 184 S.-Frankfurt/M.,Jur.Fak.,Diss.vom 17. April 1956. II Ea 15736

Noelle, E.: Auskunft über die Parteien. Ergebnisse d.Umfrage-Forschg in Deutschlend. 2.Aufl. Allensbach/Bodensee 1955. 30 S. V Ea 17578

Jahrbuch der öffentlichen Meinung 1947-1955. Hrsg.v.E.Noelle u. E.P. Neumann.2.,durchges. Aufl. Allensbach 1956. 412 S. V Ea 17584

Oetinger, F.: Freiheit, die ich meine. Materialien f.d.Erziehung zur politischen Freiheit. Stuttgart 1955. 72 S. II Ea 17586

Polnische Christen stellen sich den Problemen unserer Zeit. Referate u.Diskussionsbeitr.d.Kongresses aus Anl.d.Dezenniums d. PAX-Bewegung in Warschau. Berlin 1956. 105 S. I Ea 17757

Petrov, I.F.: (Die große Lebenskraft der Politik der Kommunistischen Partei, russ.:) Velikaja žiznennaja sila politiki Kommunističeskoj Partii. Moskau 1956. 55 S. III Ea 15745

Scheler, H.: Der Marxismus über den imperialistischen Krieg in unserer Epoche. Berlin 1957. 283 S. I Ea 17764

Schiel,W.: Der Marxismus-Leninismus über die Entstehung, das Wesen und den Charakter der Kriege und der Armee. Berlin 1957. 56 S. I Ea 17521

Semenov,V.: (Die 2.Konferenz der RSDRP, russ.:) Vtoraja konferencija RSDRP. Moskau 1956. 22 S. III Ea 15488

Aufgabe und Leistung der deutschen Sozialdemokratie in Ländern und Gemeinden. Hrsg.v.A.Scholz u.W.G.Oschilewski. Berlin 1956. 240 S.
II Ea 17707

Die konterrevolutionären Kräfte bei den Oktoberereignissen in Ungarn. Hrsg.: Informationsbüro d.Ministerrates d.Ungarischen Volksrepublik. O.O.1956. 63 S. I Ea 17796

Revolution im Wehrdenken. Hrsg.: Inst.f.Geosoziologie u.Politik in Bad Godesberg. Bad Godesberg 1956. 18 S. II Ea 17343

Zetkin,C.: Die imperialistischen Kriege gegen die Werktätigen - die Werktätigen gegen die imperialistischen Kriege. Berlin 1957. 96 S.
I Ea 17628

II.RECHTSWISSENSCHAFT

1.Gesetzesmaterialien und Dokumente (auch Verfassungen und Kurzkommentare)

Beamtenrecht mit Bundesbeamtengesetz, Bundesdisziplinarordnung,Ges. betr.die unter Art.131 d.Grundgesetzes fallenden Personen u.a.mit Sachreg. Textausg. Köln 1956. 370 S. II Ea 17079

Carnelutti,F.;W.Bigiavi: (Die Gesetzbücher für das Zivilverfahren, 4.Aufl.,ital.:) I codici per l'udienza civile. 4.ed. Padua 1953. Getr.Pag. V Ea 15623

Das Recht der Gegenwart- Ein Führer durch d.in Deutschland geltende Recht. Unter Mitwirkung von H.Schlegelberger u.F.Gürtner hrsg. von F.Schlegelberger. 2.Ausg.nach d.Stande vom 31.Dez.1955. Berlin, Frankfurt/M. 1956. 497 S. II Ea 17703

Drott,K.: Sozialdemokratie und Wehrfrage. Dokumente aus einem Jahrhundert Wehrdebatten. Berlin , Hannover 1956. 197 S. II Ea 17269

Der Frühsozialismus. Ausgewählte Quellentexte. Hrsg.u.eingel.von T.Ramm. Stuttgart 1956. 397 S. II Ea 17476

Das Geschmacksmustergesetz. Komm.zum Ges.vom 11.Jan.1876 betr.d. Urheberrecht an Mustern u.Modellen. 2.Aufl.Von H.Furler. München, Köln, Berlin 1956. 382 S. II Ea 17730

Grundgesetz für die Bundesrepublik Deutschland mit Vertrag über die Beziehungen zu den Drei Mächten, Bundeswahlgesetz,Bundesverfassungsgerichtsgesetz, Konvention z.Schutze d.Menschenrechte. Textausg. mit Verw.u.Sachreg. 20.,neubearb.Aufl. Stand 1.11.1956. München, Berlin 1956. 168 S. II Ea 17598

(Vorschriftensammlung über die Kinderzulage mit Kommentar, slowen.:) Zbirka propisa o dodatku na decu sa objasnjenjima. Belgrad 1956.
IV Ea 15256

Kriegsgefangenenentschädigungsgesetz mit Durchführungs-und Auszahlungsverordnungen. Erl.von W.Hübner. Berlin, Frankfurt/M. 1956. 141 S. II Ea 17225

Lenin, V.I.: (Vortrag über den Frieden auf dem 2.Allrussischen Kongress der Sowjets der Arbeiter- und Soldatenräte am 26.Okt.(8.Nov.) 1917. Über die Innenpolitik. Bericht auf dem 9.Allrussischen Kongress der Sowjets am 23.Dez.1921, russ.:) Doklad o mire na II.vserossijskom s-ezde sovetov rabočich i soldatskich deputatov 26.okt. (8.noj.)1917 g.- O vnutrennej respubliki. Otčet IX.vserossijskomu s-ezdu sovetov 23 dek. 1921 g.Moskau 1956. 254 S. III Ea 14965

Kommentar zum Mitbestimmungsgesetz Bergbau und Eisen. Ges. über d. Mitbestimmung d.Arbeitnehmer in d.Aufsichtsräten u.Vorständen d. Unternehmen d.Bergbaus u.d.Eisen u.Stahl erzeugenden Industrie. Von G.Müller u.R.Lehmann. Heidelberg 1952. 239 S. II Ea 17728

Öffentliches Recht in Niedersachsen. Niedersächsisches Landesrecht. Textausg.mit Verw.u.Sachverz. 2.Aufl. Hrsg.: W.Weber u.H.Schneider. Göttingen 1956. 898 S. II Ea 17680

(Das Notariatsgesetz sowie die Ausführungsbestimmungen. Stand vom 31.Dez.1956, poln.:) Prawo o notariacie oraz przepisy wykonawcze i związkowe. Wedlug stanu prawnego na dzień 31 grudnia 1956. Warschau 1957, 146 S. IV Ea 15878

Der Nürnberger Prozess. Aus d.Protokollen, Dokumenten u.Materialien d.Prozesses gegen d.Hauptkriegsverbrecher vor d. Internationalen Militärgerichtshof. Ausgew.u.eingel.von P.A.Steiniger. Bd 1.2. Berlin 1957. Bd 1: 317 S. Bd 2: 611 S. I Ea 17649

Personalvertretungsgesetz mit Wahlordnung. Kommentar von R.Dietz. München, Berlin 1956. 761 S. II Ea 17597

Wahlordnung zum Personalvertretungsgesetz, zugl.Erg.-Bd zum Komm. zum Personalvertretungsgesetz. Komm.von K.Fitting u.H.Heyer. Hamburg, Berlin, Bonn 1956. 148 S. II Ea 17708

(Das Ratsgesetz und dessen Ausführungsverordnungen, ungar.:) A tanácstörvény és végrehajtási utasításai. Budapest 1955. 431 S. IV Ea 16198

(Verordnung über Reise- und Umzugskosten. 3.geänd.u.erg.Aufl., slowen.:) Uredba o putnim i selidbenim troškovima. 3.izm.i dop.izd. Belgrad 1956. 55 S. IV Ea 15254

Abkommen zwischen der Regierung der Bundesrepublik Deutschland und der Regierung der Französischen Republik über das Statut der Saar. Vom 23.Okt.1954. Mit den Beschlüssen des Rates der Westeuropäischen Union. Vom 11.Mai 1955. Vertrag zwischen Frankreich und dem Saarland über wirtschaftliche Zusammenarbeit. Vom 3.Mai 1955. Saarbrücken 1955. Getr.Pag. II Ea 17263

Scarella, D.: (Vier Gesetzbücher.Bürgerliches Gesetzbuch. Zivilprozessordnung. Strafgesetzbuch. Strafprozessordnung und zahlreiche ergänzende Gesetze, ital.:) I quattro codici. Codice civile. Codice procedura civile. Codice penale. Codice procedura penale. E numerose leggi complementari. Turin 1955. Getr.Pag. V Ea 15687

Das Recht des Schiffskredits. Unter bes.Berücks.d.Schiffsregistrierwesens. Zsgest.u.erl.von F.Prause. Berlin 1954. 584 S. II Ea 17472

Recht der Schule. Eine Sammlg aller seit 1945 ergangenen u.noch gültigen Bestimmungen f.d.Gebiete: Allgemeinbildende Schulen. Berlin 1956. Loseblattausg. I Ea 17102

Kommentar zum Schwerbeschädigtengesetz. Von H.Zigan. Heidelberg 1953. 271 S. II Ea 17745

Soldatenbesoldung. Besoldungsgesetz, Besoldungsvorschriften,Rechtsverordnungen, künftige Besoldung f.Offiziere, Unteroffiziere u. Mannschaften d.Bundeswehr. Textausg.mit Erl. Hrsg.: W.Kroener. Köln, Berlin 1956. Getr.Pag. II Ea 17224

(Gesetz über die Sozialversicherung der Arbeiter und Angestellten und ihrer Familien. 4.Aufl.,slowen.:) Zakon o socijalnom osiguranju radnika i službenika i njihovih porodica. 4.izd. Belgrad 1955. 282 S. IV Ea 15906

Der Freiheitskampf des spanischen Volkes und die internationale Solidarität. Dokumente und Bilder zum national-revolutionären Krieg des spanischen Volkes 1936-1939. Berlin 1956. 481 S. I Ea 17297

Ministerstvo Justicii Ukrainskoj SSR. (Strafgesetzbuch der Ukrainischen SSR, russ.:) Ugolovnyj kodeks Ukrainskoj SSR. Moskau 1954. 137 S. III Ea 15857

(Die Strafprozeßordnung der RSFSR.Offizieller Text nach dem Stand vom 1.Febr.1956, russ.:) Ugolovno processual'nyj kodeks RSFSR. Oficialnyj tekst s izmenenijami na 1.fevr. 1956 g. Moskau 1956. 254 S. III Ea 17314

Strafvollstreckung, Strafregister, Gnadenwesen. Sammlg d.Bestimmungen über Strafvollstreckg, Strafreg.u.Gnadenwesen unter Berücks. d.Ländergesetzgebg. Textausg.mit Verw.u.Sachverz. 3.,neubearb.Aufl. München, Berlin 1956. 406 S. II Ea 17595

Tschou En-Lai: Bericht über die Frage der Intellektuellen. Gegeben am 14.Jan.1956 auf e.am ZK d.KP Chinas einberufenen Sitzung zur Diskussion d.Frage d.Intellektuellen. Peking 1956. 51 S. IV Ea 17233

Anordnung über die Steuerveranlagung der privaten Wirtschaft und der Genossenschaften. < Veranlagungsrichtlinien 1956 >. Berlin 1956. 187 S. I Ea 17727

(Die Verfassung der Ungarischen Volksrepublik, ungar.:) A magyar népköztársaság alkotmánya. Budapest (um 1955). 73 S. IV Ea 16196

(Die Verfassungen der ausländischen sozialistischen Staaten, russ.:) Konstitucii zarubežnych socialističeskich gosudarstv. Moskau 1956. 460 S. III Ea 17280

Die wichtigsten gesetzlichen Bestimmungen für die Verkaufsstellen des Einzelhandels mit Lebensmitteln. Ein Handb.f.Lehrl.Verkäufer, Verkaufsstellenleiter,Handelsinstr., Berlin 1956. 237 S. I Ea 17617

Ministerstvo inostrannych del SSSR.(Sammlung der geltenden Verträge, Abkommen und Konventionen,die von der UdSSR mit ausländischen Staaten abgeschlossen wurden, Bd 12,russ.:) Sbornik dejstvujuscich dogovorov,soglašenij i konvencij,zaključennych SSSR s inostrannymi gosudarstvami. Vyp.XII. Moskau 1956. 198 S. III Ea 15860

Wulf, Th.: Schlüssel zu den vom Gesamtverband Gemeinnütziger Wohnungsunternehmen hrsg.Mustersatzungen für A.Gemeinnützige Wohnungsbaugenossenschaften mit Mitgliederversammlg Ausg.Jan.1953. B.Gemeinnützige Wohnungsbaugenossenschaften mit Vertreterversammlg Ausg. März 1952. Hamburg 1955. 24 S. II Ea 17668

Žák, V.: (Gesamtübersicht der geltenden Vorschriften für das Bauwesen. 3.Aufl., tschech.:) Souborný přehled platných předpisu ve stavebnictví. 3.vyd. Prag 1957. 269 S. IV Ea 16068

2.Rechtswissenschaft allgemein

New Zealand. The Development of its laws and constitution. Under the general editorship of J.L.Robson. London 1954. 384 S. V Ea 17226

3.Staats-und Rechtstheorie

Bobbio, N.: (Theorie der Rechtswissenschaft, ital.:) Teoria della scienza giuridica. Turin 1950. 239 S. V Ea 15637

Brauweiler, H.: Gibt es ein Recht auf Reichtum? Eine Antwort vom Standpunkt d.christl.Naturrechts - zugl.e.Beitr.z.Frage d.Mitbestimmungsrechts. Köln 1951. 66 S. II Ea 17689

Bregel, E.J.: (Die Sage von dem "Volkskapitalismus", russ.:) Mif o "narodnom kapitalizme". Moskau 1956. 47 S. III Ea 15769

Eickhoff, A.: Christliches Ordnungsbild und soziale Wirklichkeit. Gegenwartsaufgaben und abendländisches Erbe. Münster 1949. 325 S. II Ea 17739

Emge, C.A.: Über das Verhältnis von normativem Rechtsdenken" zur "Lebenswirklichkeit". Mainz 1956. S.86-143. Aus: Akademie d.Wissenschaften u.d.Literatur. Abhandlungen d.geistes -und sozialwissenschaftl.Klasse.Jg.1956, Nr 3)

Eschenburg, Th.: Staat und Gesellschaft in Deutschland. Stuttgart 1956. 806 S. II Ea 17557

Gabriel, R.H.: The Course of American democratic thought. New York 1956. 508 S. V Ea 17566

Lenin, W.I.: Vier Arbeiten zu Fragen der Revolution, des Bürgerkrieges, der Diktatur und zu Schwankgn der kleinbürgerlichen Demokraten.(Aus d.Russ.übers.) Berlin 1957. 71 S. I Ea 17626

Leo XIII., Papa; Pius XI, Papa: Die sozialen Enzykliken. Rerum novarum. Quadragesimo anno. Stuttgart, Düsseldorf 1953. 88 S. II Ea 17687

Die sozialen Rundschreiben. Papst Leo XIII: Über die Arbeiterfrage. Papst Pius XI: Über die gesellschaftliche Ordnung. Mit Erl.von P.Jostock. Freiburg/Br. 1948. 180 S. II Ea 17686

Marchello, G.: (Der Wert des Rechts, ital.:) Diritto e valore. Mailand 1953. 183 S. V Ea 14858

Mills, C.W.: The Power Elite. New York 1956. 423 S. V Ea 17272

Nadtočeev, D.I.: (Der Leninsche Plan des Aufbaus des Sozialismus und Kommunismus in der UdSSR, russ.:) Leninskij plan postroenija socializma i kommunizma v SSSR. Moskau 1955. 39 S. III Ea 15381

Nell-Breuning, O. von H.Sacher: Zur sozialen Frage. Freiburg i.Br. 1949. 242 S.

Popov, P.: (Errichtung, Entwicklung und System der proletarischen Diktatur bei uns, russ.:) Ustanovjavane, razvitie i sistema na proletarskata diktatura u nas. Moskau 1956. 268 S. IV Ea 15694

Rejsner, I.M.: (Die erste russische Revolution und das Erwachen Asiens, russ.:) Pervaja russkaja revoljucija i probuždenie Azii. Moskau 1955. 23 S. III Ea 15383

Scholz, F.: Die Rechtssicherheit. Berlin 1955. 87 S. II Ea 17113

Schulz, K.P.: Luther und Marx im Spannungsfeld unserer Zeit. Stuttgart, Düsseldorf 1956. 24 S. II Ea 17683

Simon, Y.R.: Philosophische Grundlagen der Demokratie. (Aus d.Engl. übers.) Meisenheim a.Gl. 1956. 327 S. II Ea 17338

Sobolev, A.I.: (Der Marxismus-Leninismus über die Formen des Überganges vom Kapitalismus zum Sozialismus, russ.:) Marksizm-Leninizm o formach perechoda ot kapitalizma k sozializmu. Moskau 1956. 46 S. III Ea 15393

Verhandlungen auf der 1.Hauptversammlung d.Gesellschaft für Sozialen Fortschritt e.V. in Düsseldorf. Soziale Autonomie und Staat. Berlin 1951. 84 S. II Ea 17677

(Fragen des sowjetischen Staates und Rechts, russ.:) Voprosy sovetskogo gosudarstva i prava. Leningrad 1955. 206 S. III Ea 15866

(Die Grundlagen des sowjetischen Staates und Rechtes. 3.Aufl., russ.:) Osnovy sovetskogo gosudarstva i prava.3.izd.Pod red.M.P. Kareva i G.J.Fed'kin. Moskau 1956. 516 S. III Ea 17243

Storožev, V.: Das Bündnis der Arbeiterklasse mit der armen Bauernschaft in der sozialistischen Revolution. (Aus d.Russ.übers.) Berlin 1956. 219 S. I Ea 14976

Winschuh, J.;E.Forsthoff: Selbständigsein und Staat. Bericht über d. Jahreshauptversammlung 1955 d.Arbeitsgemeinschaft Selbständiger Unternehmer e.V.vom 19.-21.Mai 1955 in Bad Reichenhall. Bonn 1955. 40 S. II Ea 17690

4.Geschichte der Staats-und Rechtstheorie

Narskij, I.S.: (Aus der Geschichte des gesellschaftlich-politischen und philosophischen Denkens in Polen im 18.und 19.Jahrhundert, russ.:) Iz istorii obščestvenno-političeskoj i filosofskoj mysli v Pol'se XVIII.- XIX.vekov. Moskau 1956. 46 S. III Ea 15457

Pieper, J.: Thomas von Aquin. Ausw., Übers.u.Einl. Frankfurt/M., Hamburg 1956. 234 S. II Ea 17528

(Geschichte der politischen Lehren, russ.:) Istorija političeskich učenij.Pod.red. S.F.Kečekjan i G.J.Fed'kin. Moskau 1955. 770 S.
III Ea 14224

Uttschenko, S.L.: Der weltanschaulich-politische Kampf in Rom am Vorabend des Sturzes der Republik. (Aus d.Russ.übers.) Berlin 1956. 240 S.
I Ea 17369

Weilenmann, H.: Untersuchungen zur Staatstheorie Carl Ludwig von Hallers. Versuch einer geistesgeschichtlichen Einordnung. Aarau 1955. 146 S.
V Ea 17068

5.Staats-und Rechtsgeschichte

Albrecht,D.: Die deutsche Politik Papst Gregors XV. Die Einwirkungen d.päpstl.Diplomatie auf d.Politik d.Häuser Habsburg u.Wittelsbach 1621-1623. München 1956. 148 S.
II Ea 17477

Baudin,L.: Der sozialistische Staat der Inka. Hamburg 1956. 149 S.
II Ea 17709

Dietz, H.: Die grosse englische Revolution. Wechselwirkungen ihrer religiösen und politischen Dynamik. Lauppheim/Württ. (1956) 64 S.
II Ea 17275

Hagemann, H.R.: Die Stellung der Piae Causae nach justinianischem Rechte. Basel 1953. 76 S.
V Ea 17030

Lemberg, E.: Geschichte des Nationalismus in Europa. Stuttgart 1950. 319 S.
II Ea 17291

Partsch, G.: Das Mitwirkungsrecht der Familiengemeinschaft im älteren Walliser Recht. Genf 1955. 128 S.-Zürich,Jur.Fak.,Diss.vom 15.Juli 1952
V Ea 15753

Das Lehnrecht des Sachsenspiegels. Hrsg: K.A.Eckhardt. Göttingen, Berlin, Frankfurt/M. 1956. 94 S.
II Ea 17693

Schramm, P.E.: Herrschaftszeichen und Staatssymbolik. Beitr.zu ihrer Geschichte vom 3.bis zum 16.Jahrhundert. Bd 1-3. Stuttgart 1954-1956. Bd 1: 375 S. 1954. Bd 2: S.378-688. 1955. Bd 3: S.690-1165. 1956.
II Ea 17296

Die Staatsverträge des Deutschen Ordens in Preussen im 15.Jahrhundert. Hrsg.i.A.d.Historischen Kommission f.ost- und westeuropäische Landesforschung von E.Weise. Bd 2(1438-1467). Marburg 1955. 296 S.
II Eb 392

Stojčevic, D.: (Römisches Recht. Bd 1, slowen.:) Rimsko pravo.T.1. Belgrad 1955. 210 S.
IV Ea 15532

6.Völkerrecht und Außenpolitik

(Materialien der 5.Session des Obersten Rates der UdSSR in Fragen der Abrüstung und des Verbotes der Atom- und Wasserstoffwaffen, russ.:) Materialy pjatoj sessii Verchovnogo Soveta SSSR po voprosam razoruženija i zapreščenija atomnogo i vodorodnogo oružija 16.ijulja 1956 g. Moskau 1956. 95 S.
III Ea 17315

Abs, H.J.: Der Schutz wohlerworbener Rechte im internationalen Verkehr als europäische Aufgabe. Betrachtungen z.Entwicklg d.Suezkrise. Heidelberg 1956. 20 S. II Ea 17747

Adler,H.: Zwischen Kairo und Budapest. Die Geschichte e.Verschwörung. Berlin 1957. 124 S. I Ea 17791

Blühdorn,R.: Internationale Beziehungen. Einf.in d.Grundlagen d. Aussenpolitik. Wien 1956. 391 S. V Ea 17706

Braubach, M.: Der Einmarsch deutscher Truppen in die entmilitarisierte Zone am Rhein im März 1936. Ein Beitr.z.Vorgesch.d.2. Weltkrieges. Köln 1956. 40 S. II Ea 17562

Čeprakov, V.: (Die Sowjetunion vertritt die Interessen des Friedens, der Demokratie u.des Sozialismus, russ.:) Sovetskij sojuz otstaivaet interesy mira,demokratii i socializma. Moskau 1955. 38 S. III Ea 15405

Coursier, H.: Etudes sur la formation du droit humanitaire. Genf 1952. 106 S. V Ea 17027

Dehio, L.: Deutschland und die Weltpolitik im 20.Jahrhundert. München 1955. 155 S. II Ea 17274

Bericht über die Tätigkeit der Deutschen Liga für die Vereinten Nationen (Aug.-Dez.1956). Berlin 1956. 5 gez.Bl. [Maschinenschr.] I Eb 783

Bericht über die Tagung des Präsidiums der Deutschen Liga für die Vereinten Nationen vom 24.Okt.1956. Berlin 1956. 7 gez.Bl. [Maschinenschr.] I Eb 782

Erfurt, W.: Die sowjetrussische Deutschlandpolitik 1945-1955. Eine Studie zur Zeitgeschichte. Eßlingen 1956. 129 S. II Ea 17583

Was will und wie arbeitet die Europäische Wirtschaftskommission der Vereinten Nationen.(ECE). Leipzig, Jena 1956. 43 S. I Ea 17635

Giglio,C.: (Die Afrikapolitik Englands im 19.Jahrhundert, ital.:) La politica africana dell' Inghilterra nel XIX. secolo. Padua 1950. 508 S. V Ea 15617

Kaverin, I.N.: (Hinter den Kulissen der englischen Blockade. Aus d.Geschichte des 1. Weltkrieges, russ.:) Za kulisami anglijskoj blokady. Iz istorii pervoj mirovoj vojny. Moskau 1955. 205 S. III Ea 15428

Leont'ev, V.P.: (Die ausländische Expansion in Tibet, russ.:) Inostrannaja ekspansija v Tivete. Moskau 1956. 221 S. III Ea 15444

Lorz,R.: Ausländische Enteignungsmassnahmen vor amerikanischen Gerichten. Die Rechtswirkung ausseramerikanischer Enteignungsakte in d.Vereinigten Staaten von Amerika. Düsseldorf 1954. 161 S. II Ea 17641

Nikitina, G.S.: (Der Suezkanal - nationales Eigentum des ägyptischen Volkes, russ.:) Suezkij kanal - nacional'noe dostojanie egipetskogo naroda. Moskau 1956. 82 S. III Ea 17544

Popov, V.K.: (Das Fiasko der USA - Aggression in China nach dem zweiten Weltkrieg, russ.:) Proval agressii SŠA v Kitae posle vtoroj mirovoj vojny. Moskau 1955. 246 S. III Ea 15663

Pozdeeva,L.V.: (England und die Remilitarisierung Deutschlands in den Jahren 1933-1936, russ.:) Anglija i remilitarizacija Germanii 1933-1936. Moskau 1956. 268 S. III Ea 15464

Raschhofer, H.: Die Vermögenskonfiskationen der Ostblockstaaten. Zur völkerrechtlichen Natur der ostdeutschen und volksdeutschen Vermögensverluste. Frankfurt/M. 1956. 38 S. II Ea 17252

Redslob, R.: Le Problème de la paix. Basel 1954. 72 S. V Ea 17810

Schieder,T.: Die Probleme des Rapallo-Vertrages. Eine Studie über die deutsch-russischen Beziehungen 1922-1926. Köln 1956. 98 S. II Ea 17080

Siordet,F.: Les Conventions de Genève de 1949. Le problème du controle. Genf 1952. 82 S. Aus: Revue internationale de la Croix-Rouge (sept.1951, fevr.et nov.1952) V Ea 17028

Steuer, S.: Die Streitkräfte der NATO-Länder. Mit vielen Bildern, farbigen Skizzen u.Ktn. München 1956. 115 S. II Ea 17669

(Entschliessungen des Studienkomitees für die Verfassung Europas, ital.:) Risoluzioni del Comitato di Studi per la Costituzione Europea. Padua 1954. 46 S. V Ea 15619

Suščenko,V.V.: (Anglo-amerikanische Widersprüche in Kanada, russ.:) Anglo-amerikanskie protivorečija v Kanade. Moskau 1956. 182 S. III Ea 14836

Vygodskij,S.L.: (Einige Fragen des Wettbewerbs des Sozialismus mit dem Kapitalismus in der gegenwärtigen Etappe, russ.:) Nekotorye voprosy sorevnovanija socializma s kapitaliznom na sovremennom etape. Moskau 1956. 31 S. III Ea 15703

7.Staatsrecht

Adams,W.;H.M.Gray: Monopoly in America. The government as promoter. New York 1955. 221 S. V Ea 17271

Aluko, S.A.: The Problems of self-government for Nigeria. A critical analysis. Devon 1955. 62 S. V Ea 17341

Barinov, G.N.: (Abriß der Methodik im Unterricht der Verfassung der UdSSR, russ.:) Očerk metodiki prepodavanija konstitucii SSSR. Moskau 1955. 142 S. III Ea 15865

Batrakova, G.: (Die Leitung der Dorf-Sowjets durch die Bezirks-Sowjets, russ.:) Rukovodstvo rajonnogo soveta selškimi sovetami deputatov trudjaščichsja. Moskau 1956. 73 S. III Ea 17305

Meilensteine zur Souveränität-Zeittafel über den Weg der Bundesrepublik zu Unabhängigkeit u.Freiheit. Hrsg.: Presse- und Informationsamt d.Bundesregierung. Regensburg 1955. 72 S. II Ea 17342

Buszko, J.: (Die Sejmwahlreform in Galizien in den Jahren 1905-1914, poln.:) Sejmowa reforma w wyborcza w Galicji 1905-1914. Warschau 1956. 299 S. IV Ea 17875

Cansacchi,G.;R.Monaco: (Die neue italienische Verfassung. 6.Aufl., ital.:) La nuova costituzione italiana. 6.ed. Turin 1955. 285 S. V Ea 15645

Coatman, J.: Völkerfamilie Commonwealth. Die Verwirklichung eines politischen Ideals.(Aus.d.Engl.übers.) Stuttgart 1955. 286 S. II Ea 17290

Conze, W.: Deutsche Einheit, Erbe und Aufgabe. Münster 1956. 32 S. II Ea 14616

Crosa,E.: (Staatsrecht. 4.Aufl.,ital.:) Diritto costituzionale. 4.ed. Turin 1955. 561 S. V Ea 15638

Deutschland im Wiederaufbau. Tätigkeitsbericht d.Bundesregierung f.d.Jahr 1955. Hrsg.: Presse- und Informationsdienst d.Bundesregierung. Bonn 1956. 457 S. II Eb 391

Efanov,I.;G.Stach: (Die nationale Befreiungsbewegung der Völker Malaias, russ.:) Nacional'no-osvoboditel'noe dvizenie narodov Malaji. Moskau 1956. 71 S. III Ea 17510

Ferguson,J.H.;E.MacHenry: The American federal government. 4 th ed. New York 1956. 647 S. V Ea 17217

Filonovič,J.K.: (Sowjetische Abgeordnete, russ.:) Sovetskij deputat. Moskau 1955. 63 S. III Ea 15867

Gerst,W.K.: Bundesrepublik Deutschland. Weg und Wirklichkeit. Berlin 1957. 359 S. I Ea 17611

Gierke, J.von: Widerstandsrecht und Obrigkeit. Gedanken anläßl.d. Falles "Schlüter". Stuttgart 1956. 23 S. II Ea 17470

Gieysztor,A.: Die Entstehung des polnischen Staates im Lichte neuer Forschungen. (Aus d.Poln.übers.) Marburg 1956. 107 S. II Ea 17340

Goljakov,I.: (Die Verfassung der UdSSR - eine Verfassung des siegreichen Sozialismus, russ.:) Konstitucija SSSR - konstitucija pobedivšego socializma. Moskau 1956. 30 S. III Ea 15394

Gorkin,A.F.: (Der 20.Parteitag der KPdSU über die weitere Entfaltung der sowjetischen Demokratie, russ.:) XX s-ezd KPSS o dal'nejšem razvitii sovetskoj demokratii. Moskau 1956. 31 S. III Ea 15367

Handrick,J.: Die Deutsche Demokratische Republik - auch das Vaterland der Sorben. Bautzen 1954. 87 S. I Ea 17613

Hesse,K.: Der Rechtsschutz durch staatliche Gerichte im kirchlichen Bereich. Zugl.e.Beitr.z.Frage d.rechtl.Verhältnisses v.Staat u.Kirche in d.Gegenwart. Göttingen 1956. 176 S. II Ea 17362

Iodkovskij, A.N.: (Die Nationalisierung in den europäischen Ländern der Volksdemokratie, russ.:) Nacionalizacija v evropejskich stranach narodnoj demokratii. Moskau 1956. 117 S. III Ea 17540

Keller, H.K.E.L.: Das Selbstbestimmungsrecht der Pfälzer. München 1956. 64 S. II Ea 17213

Korea. (Aus d.Russ.übers.) Berlin 1956. 135 S. I Ea 17615

Kučera, E.: (Zu einigen Fragen der Autonomie und der Stellung der Slowakei im Rahmen der Tschechoslowakischen Republik, tschech.:) K nekterým otázkám autonomie a postaveni Slovenska v rámci Československé Republiky. Prag 1954. 39 S. IV Ea 15418

Lenin, V.I.: Über die Tätigkeit des Rates der Volkskommissare. Bericht u.Schlusswort auf d.3.Allrussischen Kongress d.Sowjets d. Arbeiter-,Soldaten-u.Bauerndeputierten am 11.(24.) u.12.(25.) Jan. 1918. (Aus d.Russ.übers.) Berlin 1957. 30 S. I Ea 17449

Lenz, H.: Die Kirche und das weltliche Recht. Ein Handbuch für Geistliche und Kirchenvorstände. Köln 1956. 440 S. II Ea 14665

Lezin, V.V.: (Die Erfolge der Werktätigen in der Volksdemokratischen Republik Korea auf wirtschaftlichen und kulturellen Gebiet, russ.:) Uspechi trudjaščichsja korejskoj narodno-demokratičeskoj respubliki v chozjajstvennom i kul'turnom stroitel'stve. Moskau 1955. 39 S. III Ea 15382

Majda, S.: (Die Enteignung im Rechtssystem der förderativen Volksrepublik Jugoslawien, jugosl.:) Razlastitev v pravnem sistemu federativne ljudske republike Jugoslavije. Ljubljana 1954. 95 S. IV Ea 15590

Neuman, A.: (Die Deutsche Demokratische Republik - ein neuer Staat-ein neues Volk - ein neues Leben, tschech.:) NDR - nový státnový lid - nový život. Prag 1956. 174 S. IV Ea 17782

Niemöller, W.: Die evangelische Kirche im Dritten Reich. Handbuch d. Kirchenkampfes. Bielefeld 1956. 408 S. II Ea 17560

Pentkovskaja, V.V.: (Die Rolle W.I.Lenins in der Entstehung der UdSSR, russ.:) Rol V.I.Lenina v obrazovanii SSSR. Moskau 1956. 39 S. III Ea 15777

Pergolesi, F.: (Staatsrecht. 10.Aufl.,ital.:) Diritto costituzionale. Padua 1955. 549 S. V Ea 15616

Pfeffer von Salomon, R.: Kann über die auswärtige Gewalt die Kompetenzverteilung in der Bundesrepublik verschoben werden? Mainz 1956. 94 S.-Mainz,Jur.Fak.,Diss.vom 3.Mai 1956 II Eb 751

Režek, B.: (Die Entwicklung des Abgeordnetenmandats in den höchsten Vertretungsorganen des feudalen und bürgerlichen Staates, slowen.:) Razvoj poslanskega mandata v najvišjih predstavniških organih fevdalne in buržoazne države. Ljubljana 1955. 98 S. IV Ea 15588

S-edin, I.I.: (Der Aufbau des Sozialismus in der Volksrepublik Bulgarien, russ.:) Stroitel'stvo sozializma v narodnoj respublike Bolgarii. Moskau 1955. 39 S. III Ea 15389

Siegler, H.: Deutschlands Weg 1945-1955. Von der Kapitulation bis zur Moskau-Reise Adenauers. Köln 1955. 215 S. II Ea 17064

Thieme,W.: Reichskonkordat und Länder. Zur Frage der Vertragspartnerschaft von Bund und Ländern hinsichtlich der Schulartikel des Reichskonkordats. Göttingen 1956. 29 S. II Ea 17286

Vinogradov,V.A.: (Die sozialistische Vergesellschaftung der Produktionsmittel in der Industrie der UdSSR,(1917-1918), russ.:) Socialističeskoe obobščestvlenie sredstv proizvodstva v promyšlennosti SSSR (1917-1918). Moskau 1955. 195 S. III Ea 15434

Wolf, G.: Überschneidungen von Bundesverfassungsgerichtsbarkeit und Landesverfassungsgerichtsbarkeit. München 1955. 72 S.- Frankfurt/M.Jur.Fak.,Diss.vom 21.Dez.1955 II Ea 15759

8.Verwaltungsrecht

Bender,B.: Allgemeines Verwaltungsrecht mit e.Abriss d.neueren deutschen Verfassungs- und Verwaltungsrechtsgeschichte. 2.,neubearb.u. erw.Aufl. Freiburg/Br.1956. 202 S. II Ea 17351

Die Planabrechnung über die Erfassung, den Aufkauf und die Warenbewegung landwirtschaftlicher Erzeugnisse. Hrsg. Regierung d.DDR. Staatssekretariat f.Erfassung u.Aufkauf landwirtschaftl.Erzeugnisse. Abt.Kader u.Schulung. Berlin 1956. 31 S. I Ea 15302

Gurovič,S.G.: (Die staatliche Planung der Industrieproduktion, russ.:) Gosudarstvennoe planirovanie promyšlennogo proizvodstva. Moskau 1956. 39 S. III Ea 15454

Kalpin,G.Z.: (Die Organisation und Entlohnung in der Maschinen-und Traktorenstation, russ.:) Organizacija i oplata truda rabočich mašinno-traktornych stancij. Moskau 1956. 39 S. III Ea 17310

Lange,H.J.: Die Entschädigung für schuldlos-rechtswidrige Eingriffe des Staates, insbes.die Gefährdungshaftung im deutschen öffentlichen Recht, unter Berücks.d.französ.Staatshaftungsrechtes. Miltenberg/M. 1955. 42 S.-Frankfurt/M.,Jur.Fak.,Diss.vom 23.Nov.1955 II Ea 15742

Lehnert, H.: Die Rechtsstellung der Custodians bei der Vermögenskontrolle nach dem Gesetz Nr 53 der Militärregierung. Göttingen 1950. 126 S.-Göttingen,Jur.Fak.,Diss.vom 26.Juli 1950 II Ea 15743

Lekeš, B.: (Das Recht des Fernmeldewesens, tschech.:) Telekomunikační právo. Prag 1953. 250 S. IV Ea 16069

Maschmeier,K.: Hand- und Spanndienste. Bielefeld 1955. 60 S. II Ea 17746

Miele,G.: (Prinzipien des Verwaltungsrechts. 6.Aufl.,Bd 1,ital.:) Principi di diritto amministrativo. 6.ed.Vol.1. Padua 1953. 266 S. V Ea 15652

Mortati,C.: (Anstalten des öffentlichen Rechtes. 3.Aufl.,ital.:) Istituzioni di diritto pubblico.3.ed. Padua 1955. 704 S. V Ea 15654

Obermanns, J.: Die Pfändung von Vermögensrechten im Verwaltungszwangsverfahren. Stuttgart,Hannover 1956. 24 S. II Ea 17671

Obreen,H.T.:(Deicherhaltung u.Entwässerungsflächen an der friesischen Westküste, holländ.:) Dijkplicht es waterschappen aan frieslands westkust. Bolsward 1956. 264 S.-Leiden,Jur.Fak.,Diss.vom 20.Juni 1956. V Ea 15727

Remaschi,G.: (Öffentliches Recht. 2.Aufl.,ital.:) Diritto pubblico. 2.ed. Florenz 1953. 161 S. V Ea 15609

Rösner, G.: Die Besonderheiten der Dienstverhältnisse der Angestellten und Arbeiter im öffentlichen Dienst. Miltenberg/M.-Jur.Fak., Diss.vom 29.Febr.1956 II Ea 15763

Sigl, R.: Einführung in das Wirtschaftsverwaltungsrecht. Berlin, Frankfurt/M. 1956. 118 S. II Ea 17701

Starościak, J.: (Die juristischen Formen der Verwaltungstätigkeit, poln.:) Prawne formy działania administracji. Warschau 1957. 314 S. IV Ea 15885

Starovojtov, N.G.: (Die organisatorische Massenarbeit der Dorfsowjets, russ.:) Organizacionno-massovaja rabota sel'skich sovetev. Moskau 1955. 121 S. III Ea 15863

Turegg, K.E.von: Gefährliche und gefährdete Generalklausel. Über die materiell-rechtlichen Grenzen der Verwaltungsklagen. Berlin, Köln 1956. 104 S. II Ea 17002

Vavpetič, L.: (Über die Besonderheiten des allgemeinen Verwaltungsverfahrens in unserer Gesellschaftsordnung, jugosl.:) O posebnostih splošnega upravnega postopnika v naši družbeni ureditvi. Ljubljana 1955. 115 S. IV Ea 15589

Vavpetič, L.: (Die Rechtsnatur von Verwaltungsentscheidungen, slowen.:) Pravna narava odločb v upravi. Ljubljana 1952. 50 S. IV Ea 15591

9.Finanz-,Steuer-und Preisrecht

(Fragen des sowjetischen Finanzwesens,russ.:) Voprosy sovetskich finansov. Moskau 1956. 243 S. III Ea 17543

Die Besteuerung der Genossenschaften. Begr.von K.Zülow. Erl.von M.Henze u.R.Schubert. 4.erg.Aufl. Berlin,Frankfurt/M. 1956. 235 S. II Ea 17136

Komissarov, V.: (Das Finanz-und Kreditwesen der Tschechoslowakischen Republik, russ.:) Finansovo-kreditnaja sistema Čechoslovackoj Respubliki. Moskau 1956. 158 S. III Ea 17456

Lang, A.: Die legale Steuerausweichung. Winterthur 1954. 121 S.-Zürich,Jur.Fak.,Diss.vom 10.Juli 1954 V Ea 15755

Pokoren, J.: (Einführung in die Finanzen, jugosl.:) Uvod v finance. Ljubljana 1953. 149 S. IV Ea 15595

Das Problem der Rüstungsfinanzierung - ein Diskussionsbeitrag. Bonn 1956. 41 S. II Ea 17643

(Die internationalen Verrechnungen und Währungsverhältnisse der Länder der Volksdemokratie, russ.:)Meždunarodnye rasčety i valjutnye otnošenija stran narodnoj demokratii.Pod.red.F.P.Bystrov i G. S.Lopatin. Moskau 1956. 126 S. III Ea 17455

10.Strafrecht,Strafprozeß

Bodin, H.S.: Principles of cross-examination. New York 1946. 84 S. V Ea 15289

Brunner,G.: Die Todesstrafe in der Zeit der Aufklärung. Halle 1956. 163 S.-Halle-Wittenberg,Jur.Fak.,Diss.von 1956 I Eb 776

Cieślak, M.: (Leitfaden zur Lehre vom Strafprozeß, poln.:) Przewodnik do nauki procesu karnego. Warschau 1957. 133 S. IV Eb 788

Cieślak,M.: (Strafprozeß. Bd 1-3, poln.:) Proces karny.Cz.1-3. Krakau 1952. Bd 1: 243 S. Bd 2: 296 S. Bd 3: 271 S. IV Eb 789

Cieślak,M.: (Die Untersuchungshaft auf der Grundlage der gegenwärtigen und in der Perspektive der künftigen Gesetzgebung, poln.:) Areszt tymczasowy w swietle obecnego i w perspektywie przyszłego ustawodawstwa. Warschau 1954. S.745-772. Aus: Państwo i prawo. 1954, Nr 12. IV Ea 16040

Durmanov, N.D.: (Stadien des Begehens der Verbrechen im sowjetischen Strafrecht, russ.:) Stadii soveršenija prestuplenija po sovetskomu ugolovnomu pravu. Moskau 1955. 210 S. III Ea 15854

Gusev,L.N.: (Die Zuständigkeit für Strafsachen, russ.:) Podsudnost ugolovnych del. Moskau 1955. 109 S. III Ea 15835

Kalinowski, S.: (Die ausserordentliche Revision im polnischen Strafprozess, poln.:) Rewizja nadzwyczajna w polskim procesie karnym. Warschau 1954. 132 S. IV Ea 16044

Laserstein, B.: Laßt uns wieder etwas töten! Für und wider die Todesstrafe. Hamburg 1954. 23 S. II Ea 17587

Lejkina, N.S.: (Die Verantwortlichkeit für Vergehen gegen den sowjetischen Handel, russ.:) Otvetstvennost'za prestuplenija protiv sovetskoj torgovli. Moskau 1956. 45 S. III Ea 17302

Louwage,F.E.: Psychologie und Kriminalität. (Aus d.Französ.übers.) Hamburg 1956. 395 S. II Ea 17276

Motovilovker,J.O.: (Aussagen und Erklärungen des Beschuldigten als Mittel der Verteidigung im sowjetischen Strafprozeß, russ.:) Pokazanija i ob'jasnenija obvinjaemogo kak sredstvo zaščity v sovetskom ugolovnom processe. Moskau 1956. 177 S. III Ea 15831

Ohm,A.: Das Todesurteil in seiner Auswirkung auf die Persönlichkeit. Ein Beitr.zu d.Problem d.Todesstrafe. Stuttgart 1956. 72 S. II Ea 17549

Petrocelli, B.: (Die Rechtsverletzung im Strafrecht, ital.:) L'Antigiuridicità. Padua 1955. 149 S. V Ea 15647

Trajnin, A.N.: (Die Verteidigung des Friedens und der Kampf gegen die Verbrechen gegen die Menschlichkeit, russ.:) Zaščita mira i bor'ba s prestuplenijami protiv čelovečestva. Moskau 1956. 298 S. III Ea 17313

11. Kriminalistik, Gerichtliche Medizin, Gerichtspsychiatrie, -psychologie

Rajskij, M.I.: (Gerichtsmedizin, tschech.:) Soudní lékařství. Prag 1956. 581 S. IV Ea 15870

Vaterschaftsgutachten für die gerichtliche Praxis. Von G. Beitzke u.a. Göttingen 1956. 143 S. II Ea 17692

12. Gerichtsverfassung (einschließlich Staatsanwaltschaft, Justizverwaltung, Notariat, Anwaltschaft)

Bodin, H.S.: Selecting a jury. New York 1946. 55 S. V Ea 15287

Štajgr, F.; O. Plundr: (Die Organisation der Justiz und der Staatsanwaltschaft, tschech.:) Organizácia justície a prokuratury. Bratislava 1956. 226 S. IV Ea 15918

13. Zivilrecht

Böhtlingk, F.R.: (Die Lehre von der Stellvertretung und ihre Anwendung durch Beamte in den Niederlanden und in Indonesien, holländ.:) Het leerstuk der vertegenwoordiging es zijn toepassing op ambtsgragers in Nederland -en in Indonesie. 'S-Gravenhage 1954. 154 S.- Leiden, Jur.Fak., Diss. vom 29. Sept. 1954 V Ea 15200

Bosshart, J.J.: Les Restrictions légales indirectes de la propriété foncière. Tramelan 1954. 125 S.-Freiburg/Schw., Jur.Fak., Diss. vom 19. Juli 1951 V Ea 15203

Brandileone, F.: (Schriften über die Geschichte des italienischen Privatrechts Bd 1.2., ital.:) Scritti di storia del diritto privato italiano. Vol.1.2. Bologna 1931. Vol.1: 476 S. Vol.2: 551 S. Ea 15657

Gontersweiler-Lüchinger, U.: Die Wahrung höchstpersönlicher Rechte handlungsunfähiger und beschränkt handlungsfähiger Personen. Winterthur 1955. 82 S.-Zürich, Jur.Fak., Diss. von 1955 V Ea 17255

Knapp, V.: (Die Erfüllung von Verbindlichkeiten und andere Arten ihres Erlöschens, tschech.:) Splnění závazku a jiné zpusoby jejich zániku. Prag 1955. 327 S. IV Ea 15819

Levy, E.: Das weströmische Vulgarrecht. Das Obligationenrecht. Weimar 1956. 384 S. I Ea 17185

Matveev, G.K.: (Die Schuld im sowjetischen Zivilrecht, russ.:) Vina v sovetskom graždanskom prave. Kiew 1955. 306 S. III Ea 15862

Lehrbuch des Bürgerlichen Rechts. Bd 3: Sachenrecht. Ein Lehrbuch. 10.Bearb.Von M.Wolff u.L.Raiser. Tübingen 1957. 825 S. II Ea 1434

Schmidt,R.: Bürgerliches Recht. Ein Lehrb.seiner Grundzüge.3.,neubearb.Aufl. Bd 3: Sachenrecht. Berlin 1954. 171 S. II Ea 1177

Schmidt, W.: Die Grundrente und ihre Wirkungsweise in der Landwirtschaft der Deutschen Demokratischen Republik. Berlin 1956. 175 S. I Ea 14991

Teichmann,F.;A.Hartmann: Vorsorgen unsere Pflicht. 2.Aufl. Hamburg 1956. 63 S. II Ea 17288

Tolstoj, J.K.: (Der Inhalt und die zivilrechtliche Verteidigung des Eigentumsrechts in der UdSSR, russ.:) Soderžanie i graždansko-pravovaja zaščita prava sobstvennosti v SSSR. Leningrad 1955. 217 S. III Ea 15885

Ulrich,C.: Interkantonale Rechtshilfe für vorsorgliche Maßnahmen. Zürich 1955. 97 S.-Zürich,Jur.Fak.,Diss.vom 19.Juni 1954. V Ea 15735

Venediktov, A.V.: (Der zivilrechtliche Schutz des sozialistischen Eigentums in der UdSSR, poln.:) Cywilnoprawna ochrona własności socjalistycznej w ZSRR.(Aus d.Russ.übers.) Warschau 1957. 263 S. IV Ea 15872

Wüst,G.: Die Gemeinschaftsteilung als methodisches Problem. Karlsruhe 1956. 69 S. II Ea 17466

Právnický ústav ministerstva spravedlivosti. (Lehrbuch des Zivil- und Familienrechts,tschech.:) Učebnika občianskeho a rodinného prava. Bd 1-3. Prag 1956. Bd 1: 451 S. Bd 2: 384 S. Bd 3: 209 S. IV Ea 15216

14.Urheber-und Erfinderrecht

Allemann,R.: Begründung und Übertragung von Rechten an Werken der Literatur und Kunst. Aarau 1954. 127 S.-Zürich,Jur.Fak.,Diss.vom 11.Juli 1953 V Ea 15724

Erasmus,H.: Patente ,Gebrauchsmuster und Verbesserungsvorschläge. Hinweise f.ihre Anmeldung. 3.erw.Aufl. Berlin 1956. 144 S. I Ea 17760

Hirsch, E.E.: Das neue Urheberrechtsgesetz der Türkei. Zugl.e. Beitr.zur Reform d.dt.Urheberrechts. Mit dt.-sprach.Fassg d.Gesetzes vom 5.Dez.1951. Baden-Baden 1957. 116 S. II Ea 17748

Rauter, G.: Die Verwertung von Erfindungen. 6.den neuen Gesetzen angepasste Aufl. Bearb.von B.Rauter. Berlin 1956. 116 S.II Ea 17287

15.Vertragssystem und vertragsgerichtliches Verfahren

Keine Eingänge

16.Handelsrecht,Wertpapierrecht,Kartell-und Wettbewerbsrecht

Bourquin, R.C.A.: Die Stellung der Privatgläubiger von Kollektiv- und Kommanditgesellschaftern(Art.572 u.613 OR). Zürich 1955. 78 S.- Zürich,Jur.Fak.,Diss.vom 19.Febr.1955 V Ea 15732

Domke,M.: American-German private Law relations cases 1945-1955. New York 1956. 144 S. V Ea 17273

Mossa,L.: (Abhandlungen über das neue Handelsrecht. Bd 2.3,ital.:) Trattato del nuove diritto commerciale. Vol.2.3. Padua 1953. Bd 2: 888 S. Bd 3: 482 S. V Ea 15658

Pretnar,S.: (Abriss des vergleichenden Handelsrecht. Teil 1.2, slowen.:) Oris primerjalnega trgovinskega prava. Del 1.2. Ljubljana 1953-1955. T.1: 162 S. 1953. T.2: 167 S. 1955. IV Ea 15592

Reuss,I.: Ökonomie des Aussenhandels. Sicherheit durch Beteiligung am Welthandel und Weltverkehr. Baden-Frankfurt/M.1956. 204 S. II Ea 17108

Różański,I.: (Lehrbuch des Wechselrechts nebst Wechselmustern, poln.:) Podręcznik prawa wekslowego wraz z wzorami weksli. 2.wyd. Warschau 1957. 231 S. IV Ea 15880

Schultze-Schlutius, H.G.: Die Organtheorie unter bes.Berücksichtigung der Kapitalgesellschaften.2.Aufl. Düsseldorf 1956. 240 S. II Ea 17137

17.LPG-Recht,Bodenrecht,Landwirtschaftsrecht

Komitet nauk prawnych PAN. (Agrarrechtsfragen, poln.:) Zagadnienia prawne rolnictwa. Warschau 1956. 326 S. IV Ea 17874

Ausschuss f.Deutsche Einheit. Die Lage der Landwirtschaft in der Bundesrepublik 1955/56. Berlin 1957. 47 S. I Eb 784

Lenin,V.I.: Rede auf den 1.Allrussischen Kongress der Landabteilungen, der Komitees der Dorfarmut und der Kommunen am 11.Dez.1918. (Aus d.Russ.übers.) Berlin 1957. 16 S. I Ea 17370

Lopatkin,A.N.: (Das Agrarprogramm der Bolschewiki in der Periode der Vorbereitung und Durchführung der Grossen Sozialistischen Oktoberrevolution, russ.:) Agrarnaja programma bol'ševikov v period podgotovki i provedenija velikoj oktjabr'skoj socialističeskoj revoljucii. Moskau 1956. 47 S. III Ea 15776

Osad'ko, M.P.: (Das landwirtschaftliche Artel in den gegenwärtigen Verhältnissen seiner Entwicklung, russ.:) Sel'skochozjajstvennaja artel'v sovremennxch uslovijach ee razvitija. Moskau 1956. 39 S. III Ea 17311

Schmidt, W.: Das Statut der LPG - Ziele und Aufgaben. 2.Aufl. Berlin 1957. 124 S. I Ea 17762

Schmidt,W.: Wie soll eine LPG arbeiten? Über d.Organisation d.Leitung u.Verwaltung d.LPG. Berlin 1956. 55 S. I Ea 17368

18.Familienrecht

Právnický ústav ministerstva spravedlivosti. (Lehrbuch des Zivil- und Familienrechts, tschech.:) Učebnika občianskeho a rodinneho prava. Bd 1-3. Prag 1956. Bd 1: 451 S. Bd 2: 384 S. Bd 3: 209 S. IV Ea 15216

Stelmachowski,A.:(Die Adoption im polnischen Familienrecht, poln.:) Przysposobienie w polskim prawie rodzinnym. Warschau 1957. 284 S. IV Ea 15886

Wille,F.: Die wirtschaftliche Sicherstellung der Ehefrau. Frankfurt/M. 1954. 71 S. II Ea 17674

19.Zivilprozeß und Freiwillige Gerichtsbarkeit

Berutowicz,W.: (Das Dispositionsprinzip im Zivilverfahren, poln.:) Zasada dyspozycyjności w postę-powaniu cywilnym. Warschau 1957. 251 S. IV Ea 15874

Farkas, J.: (Der Beweis im Zivilprozeß, ungar.:) Bizonyítás a polgári perben. Budapest 1956. 291 S. IV Ea 16197

Fazzalari,E.: (Die Freiwillige Gerichtsbarkeit, ital.:) La giurisdizione volontaria. Padua 1953. 254 S. V Ea 15618

Hasl, L.: Die Streitwerte im Zivilprozess. Regensburg 1955. 86 S. II Ea 17742

Włodyka, S.: (Die Klage des Staatsanwalts im polnischen Zivilprozeß, poln.:) Powództwo prokuratora w polskim procesie cywilnym. Warschau 1957. 177 S. IV Ea 15887

20.Arbeits-und Sozialrecht incl.Verfahren

Das Recht im Arbeitskampf. 2.Aufl. Hrsg.: F.Siebrecht. Köln 1956. 138 S. II Ea 17210

Právnický ústav ministerstva spravodlivosti. (Tschechoslowakisches Arbeitsrecht,tschech.:) Československé pracovné pravo. Bratislava 1956. 533 S. IV Ea 15839

Kongress für Arbeitsschutz und Arbeitsmedizin in München 1955. Hrsg.: Bundesinstitut f.Arbeitsschutz Soest i.W.,Soest 1955. 72 S. II Ea 15850

Aye,H.A.: Die Leistungen nach dem Bundesversorgungsgesetz. 3.neubearb.Auflage. Bad Godesberg 1956. 72 S. II Ea 17061

Evstaf'ev,G.N.: (V.I.Lenin über den sozialistischen Wettbewerb u. seine Rolle im Aufbau des Kommunismus, russ.:) V.I.Lenin o socialističeskom sorevnovanii i ego roli v kommunističeskom stroitel'stve. Moskau 1956. 40 S. III Ea 15398

Fischer,G.: Christliche Gesellschaftsordnung und Sozialpraxis des Betriebes. Heidelberg 1950. 188 S. II Ea 17750

Geršberg,S.: (Die Leitung der Neuererbewegung durch die Kommunistische Partei < 1935-1941 >, russ.:) Rukovodstvo kommunističeskoj partii dviženiem novatorov promyšlennosti < 1935-1941 >. Moskau 1956. 258 S. III Ea 14826

Die Gewinnbeteiligung der Arbeitnehmer. Vom Wunsch zur Wirklichkeit, Von R.Henzler [u.a.] Wiesbaden 1951. 116 S. II Ea 17696

Huggenberg, H.W.: Sozialpolitik in unternehmungswirtschaftlicher Betrachtung. Bern 1954. 200 S. V Ea 17678

Knabe,E.; W.Böhm: Das Recht der Schwerbeschädigten. 4.verb.u.erg. Aufl. Berlin 1956. 195 S. I Ea 17208

Knabe,H.: Gesundheits - und Arbeitsschutz auf dem Lande. Neue Wege der gesundheitlichen Betreuung und hygienischen Erziehung der Landbevölkerung. Berlin 1956. 71 S. I Ea 14975

Koch,J.R.: Die Arbeitsordnung. Muster u.Erl. Heidelberg 1954. 72 S. II Ea 17728

Murav'eva, N.A.: (Das neue Rentengesetz, russ.:) Novyj zakon o pensijach. Moskau 1956. 63 S. III Ea 17124

Pieper, J.: Grundformen sozialer Spielregeln. 3.durchges.Aufl. Frankfurt/M. 1955. 198 S. II Ea 17059

Schlicke,G.: Die Kündigung im Arbeitsrecht. Wiesbaden 1949. 103 S. II Ea 17673

Fürsorge und Sozialreform.Gesamtbericht über d.Deutschen Fürsorgetag 1955. Köln 1955. 598 S. II Ea 17462

Voigt,H.J.: Die soziale Lage der Seeleute in der Handelsschiffahrt-ein internationaler Vergleich. Hamburg 1956. 99 S. II Ea 17356

Zigan,H.: Betriebsvereinbarungen nach Kontrollratsgesetz Nr 22 < Betriebsrätegesetz >. Düsseldorf 1948. 164 S. II Ea 17744

21.Internationales Privatrecht

La Codification du droit international privé. Discussion de l'avant-projet de la Commission de réforme du Code Civil. (20.-21.mai 1955). Ouvrage publ. avec le concours du Centre National de la Recherche scientifique. Paris 1956. 308 S. V Ea 17679

22.Festschriften

Liber amicorum of congratulations to Algot Bagge on the occasion of his 80 th birthday July 19, 1955. Stockholm 1956. 268 S. V Ea 17221

Deutsche Akademie der Wissenschaften zu Berlin. Deutsch-slawische Wechselseitigkeit in sieben Jahrhunderten. Gesammelte Aufsätze. E.Winter zum 60.Geburtstag dargebracht. Berlin 1956. 708 S. I Ea 17633

23.Juristische Ausbildungs-und Prüfungsfragen

Determann,Chr.: Das Studium der Rechtswissenschaft an der Albert-Ludwigs-Universität Freiburg im Breisgau. Prakt.Hinweise f.d. jurist.Studium. Freiburg i.Br. 1956. 88 S. II Ea 17684

D. ÜBERSETZUNGEN AUS DER ZEITSCHRIFT "SOVETSKOE GOSUDARSTVO I PRAVO"[1)]

Inhaltsverzeichnis von 1957, Heft 2:

Artikel

Das Niveau der Redaktions- und Verlagstätigkeit auf dem Gebiet des Rechts muß gehoben werden. S. 3 - 12

Antimonv, B.S.; E.A.Flejšic(E.A.Flejschiz): Die Aufgaben des sowjetischen Erfinderrechts. S.13 - 22

Stal'gevič, A.K.(Stalgewitsch, A.K.): Einige Fragen der Theorie der sozialistischen Rechtsverhältnisse. S.23 - 32

Barsukov, M.V.(Barsukow, M.W.): Für eine weitere Verbesserung der Organisation und der Tätigkeit der Sowjetmiliz. S.33 - 43

Alekseev, S.S.; V.K.Mamutov(Alexejew, S.S.; W.K.Mamutow): Die Lieferungen in der Industrie, die auf Kooperation beruhen. S.44 - 52

Bratus', S.N.; A.N.Mišutin; N.K.Morozov(Mischutin, A.N.; N.K.Morosow): Einige Fragen der Struktur und der Formen der Tätigkeit der Justizorgane der Volksrepublik China. S.53 - 60

Ignatenko, G.V.: Der Nationale Volkskongreß - das höchste Organ der Staatsgewalt der Volksrepublik China. S.61 - 72

Czan'Czi-pyj; V.E.Čugunov(Zsan Zsi-pij; W.E.Tschugunow): Die Grundzüge des Strafprozesses der Volksrepublik China. S.73 - 81

Lunc, L.A.(Lunz, L.A.): Die Nationalisierung der Suezkanalgesellschaft ist ein souveränes Recht Ägyptens. S.82 - 89

Ladyženskij, A.M.(Ladishenskij, A.M.): Über die Nationalität der juristischen Personen. S.90 - 95

Jakubovič, M.I. (Jakubowitsch, M.I.): Der verstärkte Schutz der Persönlichkeit und die Fragen der Notwehr. S.96 - 103

Vorschläge zur Vervollkommnung der Gesetzgebung

Kovalev, M.I.(Kowaljew, M.I.): Über die Verantwortlichkeit für Hehlerei und Unterlassung der Anzeige. S.104 - 107

Diskussionen und Erörterungen

Galesnik, L.S.: Über die Probleme des Systems des Sowjetrechts. S.108 - 115

1) Die hier angezeigten Artikel werden laufend übersetzt und sind gemäß der Benutzungsordnung der Bibliothek des Deutschen Instituts für Rechtswissenschaft ausleihfähig.

Mitteilungen und Bemerkungen

Lebedenko,M.M.: Das Statut des Vereinigten Instituts für Kernforschung. S.116 - 118

Sadovnikov,I.M.(Sadownikow,I.M.): Einige Fragen der Verantwortlichkeit für Rowdytum. S.119 - 120

Wissenschaftliches Leben

Aus dem Rechtsinstitut bei der Akademie der Wissenschaften der UdSSR: Diskussion über das Lehrbuch "Geschichte der politischen Lehren". S.121 - 123

Sitzung des Wissenschaftlichen Rates aus Anlaß des 125.Todestages Hegels. S.124 - 127

Rezensionen

Piradov,A.S.(Piradow,A.S.): A.N.Trainin: Der Schutz des Friedens und der Kampf gegen Verbrechen gegen die Menschheit. S.128 - 129

Bachov,A.S.(Bachow,A.S.): K.A.Baginjan: Die Agression - das schwerste internationale Verbrechen. S.130 - 131

Solnar,V.: M.A.Gel'fer; Das Strafrecht der Tschechoslowakischen Republik. S.132 - 135

Merkurov,G.S.(Merkurow,G.S.): J.V.Dodorskij: Die ständigen Kommissionen der örtlichen Sowjets der Deputierten der Werktätigen. S.136 - 137

Rachmilovič,V.A.;A.J.Kabalkin(Rachmilowitsch,W.A.): "Fragen des sowjetischen Zivilrechts." S.138 -141

Rechtswissenschaft im Ausland

Aus der Volksrepublik China S.142 - 143

Gudošnikov,L.M.(Gudoschnikow,L.M.): Die chinesische juristische Zeitschrift "Čženfajan'czju" (Nr. 4-6/1955 und Nr.1-3/1956). S.144 - 147

Boguslavskij,M.(Boguslawskij,M.): Ein Buch eines bulgarischen Juristen über das internationale Privatrecht.(Ivan Altanov, Das System des internationalen Privatrechts der Volksrepublik Bulgarien) S.148 - 151

Aus der Föderativen Volksrepublik Jugoslawien. S.152

Bibliographie

Neue juristische Literatur der UdSSR (Oktober-Dezember 1956) S.153 -155

Juristische Literatur des Auslands, Völkerrecht (1955) S.156 - 159

Von der Redaktion. S.160

Inhaltsverzeichnis von 1957, Heft 3:

Artikel

Die Sowjetdemokratie auf dem Wege zur weiteren Entwicklung und Festigung. S. 3 - 11

Čchikvadze,V.M.(Tschchikwadse,W.M.): Die Fragen der Kodifizierung der sowjetischen Gesetzgebung auf der sechsten Tagung des Obersten Sowjets der UdSSR. S.12 - 24

Basin,J.G.: Die zivilrechtlichen Methoden des Kampfes für die Senkung der Kosten im Bauwesen. S.25 - 35

Utevskij,B.S.(Utewskij,B.S.): Grundlegende Fragen der Sowjetwissenschaft vom Besserungsarbeitsrecht. S.36 - 44

Jakovlev,M.V.(Jakowlew,M.W.): Über die Verhütung der Kriminalität. S.45 - 52

Šuršalov,V.M.(Schurschalow,W.M.): Über das Objekt des Völkerrechts. S.53 - 61

Ivanov, F.(Iwanow,F.): Über die Rechtskraft von Entscheidungen der internationalen Verwaltungsgerichtshöfe. S.62 - 69

Čirkin, V.E.(Tschirkin,W.E.): Über die Staatlichkeit der aufständischen Sklaven und Bauern. S.70 - 80

Vorschläge zur Vervollkommnung der Gesetzgebung.

Kaftanovskaja, A.M.(Kaftanowskaja,A.M.): Die Zwangsvollstreckung von Entscheidungen, welche die Wiedereinstellung zur Arbeit betreffen. S.81 - 85

Diskussionen und Erörterungen .

Efimočkin,V.P.(Jefimotschkin,W.P.): Zur Frage der Prinzipien des Aufbaus des Rechtssystems. S.86 - 92

Mešera,V.F.(Meschera,W.F.): Über die Einteilung des Sowjetrechts in einzelne Zweige. S.93 - 99

Übersichten über die Gerichts- und Arbitragepraxis

Borodin,S.V.: Über die Qualifizierung von Verbrechen, die mit der Verletzung der Verkehrsvorschriften im Kraftfahrwesen im Zusammenhang stehen. S.100 - 102

Mitteilungen und Bemerkungen

Šind,V.I.(Schind,V.I.): Über die gerichtliche Aufsicht in den ersten Jahren der Sowjetmacht (1917-1922) S.103 - 105

Nikolaev,S.N.;L.I.Moravskij(Nikolajew,S.N.;L.I.Morawskij): Zur Frage der Staatlichen Architektur- und Baukontrolle. S.106 - 108

Losev,V.B.(Losew,W.B.): Die Praxis der Vornahme von Ergänzungen und Abänderungen in den Statuten der landwirtschaftlichen Artels in den Kollektivwirtschaften der Region Krasnodar. S.108 - 111

Smirnov,O.V.(Smirnow,O.W.): Über den rechtlichen Charakter des Bildungswesens. S.111 - 114

Die internationale Konferenz über den Tanger-Status. S.114 - 115

Einsendungen

" Über den Stand der juristischen Ausbildung in der UdSSR". S.116 - 119

Bachčisarajcev,Ch.E.;G.J.Torčinskij(Bachtschisarajzew,Ch.E.; G.J.Tortschinskij): Briefe an die Redaktion (zu dem Leitartikel "Für die Verbesserung der juristischen Ausbildung in der UdSSR". "Sowjetstaat und Sowjetrecht" Nr.8/1956) S.119 - 122

Wissenschaftliches Leben

Aus dem Rechtsinstitut der Akademie der Wissenschaften der UdSSR. S.123 - 130

Antonova,L.A.;E.I.Filippov(Antanowa,L.A.;E.I.Filippow): Über die rechtliche Stellung der mehreren Kollektivwirtschaften gehörenden Organisationen. S.130 - 131

Aron Naumovic Trajnin. S.132

Rezensionen

Dmitrevskij,N.P.(Dmitrewskij,N.P.):"Gerichtsreden bekannter russischer Juristen". S.133 - 135

Varencova,V.G.;B.K.Begičev(Warenzowa,V.G,;B.K.Begitschew): Broschüren über das sowjetische Arbeitsrecht. S.135 - 139

Rechtswissenschaft im Ausland

Mitkevič, G.N.(Mitkewitsch,G.N.): Übersicht über die Albanische Zeitschrift "Volksjustiz". S.140 - 143

Bogdanov,O.V.;V.A.Tumanov(Bogdanow,O.W.;W.A.Tumanow): Die Verfälschung der marxistischen Rechtstheorie (über das Buch H.Kelsens "Die kommunistische Rechtstheorie") S.144 - 151

Gurvič,G.S.(Gurwitsch,G.S.): Rupert Emerson,(Representative Government in Southeast Asia, Cambridge, Mass.1955. 197 S.) S.152 - 155

Chronik. S.156

Bibliographie

Neue juristische Literatur der UdSSR (Dezember 1956) S.157 - 159

E. 11.(25.) VERZEICHNIS DER IN DER BIBLIOTHEK DES DEUTSCHEN INSTITUTS FÜR RECHTSWISSENSCHAFT VORHANDENEN UNVERÖFFENTLICHTEN ÜBERSETZUNGEN [1]

1. Gesetzesmaterialien und Dokumente (auch Verfassungen und Kurzkommentare)

Erlass des Präsidiums des Obersten Sowjets der UdSSR über die Amnestie japanischer Bürger, die in der Sowjetunion verurteilt worden sind. Ukaz prezidiuma Verchovnogo Soveta SSSR ob usilenii ochrany truda podrostkov [dt.] 1 S.
Aus: Izvestija. 1956/295. ÜR 903

Gesetzliche Verfügung des Präsidiums der Nationalversammlung vom 15.Dez.1955 über die Änderung der Vorschriften über die Ehescheidung. Zákonné opatření předsednictva Národního shromáždení o změně předpisu o rozvodu. [dt.] 2 S.
Aus: Sbírka zakonu republiky Československé. 1955/35.
[Betr.: ČSR.] ÜT 387

Gesetz vom 29.Oktober 1952. Über die Eheschliessung mit Ausländern. Zákon o uzavírání manželstá s cizinci [dt.] 1 S.
Aus: Sbírka zakonu republiky Československé. 1952/34.
[Betr.: ČSR] ÜT 382

In der Zeit vom 1.4.bis zum 1.7.1956 erlassene Gesetze, Dekrete, Verordnungen und Entscheidungen. Buletinul legislativ legile, decretele, hotaririle si deciziile dela 1 aprilie pană la 1 june 1956. [dt.] 7 S.
Aus: Justitia nouă. 1956/6.
[Betr.: Rumänien] ÜRum 79

Gesetz vom 29.Oktober 1952. Über sozialrechtlichen Schutz der Jugend. Zákon o socialně právní ochraně mládeže [dt.] 9 S.
Aus: Sbírka zakonu republiky Československé. 1952/35.
[Betr.: ČSR]

Bekanntmachung über die Lieferung von Exportwaren. Vyhláška o podmínkách pro dodávky zboží vývoz [dt.] 9 S.
Aus: Uredni list Českoslov. reoubliky. 1952/166.
[Betr.: ČSR.] ÜT 383

1) Die hier angezeigte Literatur ist gemäß der Benutzungsordnung der Bibliothek des Deutschen Instituts für Rechtswissenschaft für die Mitglieder des Deutschen Instituts für Rechtswissenschaft, Ministerien und zentrale Institutionen der Deutschen Demokratischen Republik und nach der Leihverkehrsordnung der Bibliotheken ausleihfähig.-Verzeichnis 1 - 4 erschien hektographiert, Verzeichnis 5 - 14 ist enthalten im Mitteilungsblatt des Deutschen Instituts für Rechtswissenschaft 1953, Nr.1 - 1955,Nr. 3

Verordnung über die Umerziehung durch Arbeit in der Volksrepublik China. Položenie o trudovom vospitanii v Kitajskoj Narodnoj Respublike [dt.] 23 S.
Orig.ersch.: Konstitucija osnovnye zakonodatel'nye akty Kitajskoj Narodnoj Respublike. 1954. ÜR 929

66.Bekanntmachung des Hauptarbiters der ČSR vom 31.März 1956 über die Regelung von Vermögenssanktionen bei Lieferungen von Exportwaren. Vyhláška hlavního arbitra republiky Československe kterou se upravnji majetkové sankce při dodávkách zboží pro vyvoz [dt.] 2 S.
Aus: Sbírka zakonu respubliky Československé. 1956/34.
[Betr.: ČSR.] ÜT 386

Gesetz vom 7.Dezember 1949. Über provisorische Änderungen in einigen Zivilrechtssachen. Zákon o zatímních změnách o některých občanských věcech právních [dt.] 3 S.
Aus: Sbírka zakonu republiky Československé. 1949/86. (Auszug).
[Betr.: ČSR.] ÜT 384

2.Philosophie

Novak,G.M.: Der Widerspruch im kapitalistischen Überbau. Protivorečivost' kapitalističeskoj nadstrojki [dt.] 15 S.
Aus: Voprosy filosofii. 1956/6. ÜR 899

3.Rechtswissenschaft (Aufgaben und Methoden)

Piontkovskij, A.: Zu einigen Fragen der sowjetischen Rechtswissenschaft. O nekotorych voprosach sovetskoj pravovoj nauki [dt.] 12 S.
Aus: Izvestija. 1957/51. ÜR 901

Razumovič,N.N.(Rasumowitsch,N.N.): Aus dem Rechtsinstitut A.J.Wyschinski. Sitzung des Wissenschaftlichen Rates, in der die Aufgaben der Rechtswissenschaft behandelt werden. V Institute Prava imeni A.Ja. Vyšinskogo. Zasedanie učenogo soveta, posvjaščennoe zadačam pravovoj nauki [dt.] 6 S.
Aus: Vestnik Akademii Nauk SSSR. 1956/6.
[Betr.: UdSSR.] ÜR 927

4.Staats- und Rechtstheorie

Ehrlich, St.: Ein Beitrag zur Problematik der Norm und des Rechtsverhältnisses. Przyczynek do problematyki normy i stosunku prawnego [dt.] 19 S.
Aus: Państwo i prawo. 1956/8.
[Betr.: Polen.] ÜP 485

Lisiakiewicz, L.: Diskussion im Komitee der Rechtswissenschaften der Polnischen Akademie der Wissenschaften über die Fragen der Rechtsnorm und des Rechtsverhältnisses. Dyskusja w komitecie nauk prawnach PAN nad zagadnieniami normy prawnej i stosunku prawnego [dt.] 44 S.
Aus: Państwo i prawo. 1956/8-9. ÜP 502

Procházka, V.: Unsere Situation in der Ökonomie und im Recht. Nase situace v ekonomii a právu [dt.] 20 S.
Aus: Právník. 1956/7.
[Betr.: ČSR.] ÜT 379

5.Geschichte der Staats-und Rechtstheorie

Keine Eingänge

6.Staats-und Rechtsgeschichte

Die Bauernreform in Russland von 1861.Eine Sammlung gesetzgeberischer Akten. Krestjanskaja reforma v Rossii 1861 goda. Sbornik zakonodatel'nych aktov. [dt.] 55 S.
Orig.ersch.: Gosjurizdat, Moskau 1954. ÜR 933

Über die Vorbereitung eines Lehrbuches der Geschichte der Sowjetgesellschaft. O podgotovke učebnogo posobija po istorii sovetskogo obščestva [dt.] 1 S.
Aus: Vestnik Akademii Nauk SSSR. 1956/6. ÜR 936

7.Völkerrecht und Außenpolitik

Azud, J.: Zum Problem der Neutralität im gegenwärtigen Völkerrecht. K problému neutrality v súčasnom medzinárodnom prave [dt.] 27 S.
Aus: Právnicke študie. 1956/3. ÜT 388

Muškat,M.: Einige juristische Gesichtspunkte der friedlichen Koexistenz. Nekotorye juridičeskie aspekty mirnogo susuščestvovanija [dt.] 24 S.
Aus: Meždunarodnaja žizn'. 1956/9. ÜR 897

Skalský,Z.;D.Fedor: Die völkerrechtliche Regelung des Luftraumes und die Souveränität der Staaten. Mezinarodé pravní úpraya vzdusného prostoru a suverenita státu [dt.] 31 S.
Aus: Právnik. 1956/8. ÜT 375

8.Staatsrecht

Bydzovský, L.: Fragen und Probleme der Gesetzgebungsarbeit. Otázky a problémy legislativní práce [dt.] 22 S.
Aus: Právník. 1956/7.
[Betr.: ČSR.] ÜT 392

Dubinin,G.M.: Die Arbeitserfahrungen eines Deputierten. Opyt raboty deputata [dt.] 77 S.
Orig.ersch.: Gosjurizdat, Moskau 1956.
[Betr.: UdSSR.] ÜR 891

Ehrlich,L.: Die Breite der Territorialgewässer. Szerokoć morza terytorialnego [dt.] 28 S.
Aus: Państwo i prawo. 1956/10.
[Betr.: Polen.] ÜP 484

Jasnov, M.A.: Über die Übertragung der Gesetzgebung, über den Aufbau der Gerichte der Unionsrepubliken und die Bestätigung der Zivil-und Strafgesetzbücher und der Prozessordnung in die Kompetenz der Unionsrepubliken. Ob otnesenii k vedeniju sojuznych respublik zakonodatel'stva ob ustrojstve sudov sojuznych respublik,prinjatija graždanskogo, ugolovnogo i processual'nych kodeksov [dt.] 15 S.
Aus: Izvestija. 1957/35
[Betr.: UdSSR.] ÜR 923

Rozmaryn,St.: Über die Änderungen im Wahlrecht der Volksrepublik Polen. O zmianach w prawie wyborczym Polskiej Rzeczypospolitej Ludowej [dt.] 45 S.
Aus: Państvo i prawo. 1956/12. ÜP 498

Savenkov,N.T.: Die wichtigsten Formen der Deputierten des örtlichen Sowjets. Osnovnye formy dejatel'nosti deputata mestnogo soveta [dt.] 135 S.
Orig.ersch.: Gosjurizdat, Moskau 1956.
[Betr.: UdSSR.] ÜR 905

Zum Abschluss der sowjetisch-jugoslawischen Konvention über die Staatsbürgerschaft. K zaključeniju sovetsko-jugoslavskoj konvencii o graždanstve [dt.] 7 S.
Aus: Meždunarodnaja žizn'. 1956/9. ÜR 893

9.Gerichtsverfassung(einschließlich Staatsanwaltschaft, Justizverwaltung,Notariat und Anwaltschaft)

Keine Eingänge

10.Verwaltungsrecht und Allgemeine Aufsicht des Staatsanwalts

Der demokratische Zentralismus - die Grundlage der Leitung der sozialistischen Wirtschaft. Demokratičeskij centralizm - osnova upravlenija socialističeskim chozjajstvom [dt.]. 34 S.
Aus: Kommunist. 1957/4.
[Betr.: UdSSR.] ÜR 921

Helsinger,B.: Das rechtliche Regime der Gewerbegenossenschaft. Regimul juridic al coopertiei mestesugăresti [dt.] 43 S.
Aus: Justitia nouă. 1956/6.
[Betr.: Rumänien.] ÜRum 71

11.Finanzrecht

Zirin, A.: Die Neuregelung des Zahlungs-und Verrechnungsverkehrs. Nová úprawa platobného a zúčtovacieho styku [dt.] 37 S.
Aus: Právny obzor. 1956/8.
[Betr.: ČSR.] ÜT 377

12.Strafrecht,Strafprozeß

Barbulescu,J.: Zur Frage des Tatbestandes des Rowdytums. Cu privire la continutul infractiunii de huliganisn [dt.] 9 S.
Aus: Justitia nouă. 1956/5.
[Betr.: Rumänien.] ÜRum 75

Gergely,E.: Das Rowdytum als Verbrechen in der Gerichtspraxis. Infractiunea de huliganism in practica judiciara [dt.] 26 S.
Aus: Justitia nouă. 1956/5.
[Betr.: Rumänien.] ÜRum 73

Lipczyńska, M.: Der Schutz der Leibesfrucht nach dem Gesetz vom 27.April 1956 und dem Entwurf des Strafgesetzbuches. Ochrona plodu wustawie z 27.IV.1956 i projekcie kodeksu karnego [dt.] 18 S.
Aus: Nowe prawo. 1957/1
[Betr.: Polen.] ÜP 489

Mankovskij,B.S.: Der Kampf des Materialismus mit den subjektivistisch idealistischen Einflüssen in der sozialistischen Strafrechtswissenschaft. Boj materializmu so subjektivisticko-idealistickymi vplyvmi vo vede socialistického trestného práva [dt.] 29 S.
Aus: Právny obzor.1956/8. ÜS 102

Németh,L.: Der erste Kongress der UNO über die Verhütung von Verbrechen und die Behandlung von Verbrechern. A büncselekmény megelözésével és a büntettesekkel valb banásmóddal fog - lalkozó I. ENSZ Kongresszus [dt.] 11 S.
Aus: Jogtudományi közlöny. 1956/6. ÜUn 205

Nikiforov, A.S.: Grundlegende Fragen der strafrechtlichen Verantwortung für Verbrechen, die aus Fahrlässigkeit begangen werden. Osnovnye voprosy ugolovnoj otvetsvennosti za prestuplenie soveršennoe po nebrežnosti [dt.] 71 S.
Aus: Učenye zapiski. 1955/1.
[Betr.: UdSSR.] ÜR 934

Nowicki,J.: Rezension über das Buch "Das Rowdytum". Studien aus der Redaktion von J.Sawicki."Chuliganstwo". Studia pod redakja J.Sawickiego [dt.] 17 S.
Aus: Panstwo i prawo. 1956/10.
[Betr.: Polen.] ÜP 479

Sacharov, A.B.: Einige Fragen der Verantwortlichkeit in Verfahren über Amtsverbrechen. Nekotorye voprosy otvetstvennosti po delam o dolzinostnych prestuplenijach [dt.] 40 S.
Aus: Učenye zapiski. 1953/Ausg. 2.
[Betr.: UdSSR.] ÜR 895

Zakrzewski,P.: Aus der Praxis des Erlasses zum Schutze des gesellschaftlichen Eigentums. Z praktyki dekretu o wzmozenie ochrony wlasności spolecznej [dt.] 19 S.
Aus: Nowe prawo. 1957/2.
[Betr.: Polen.] ÜP 504

13.Kriminalistik,Gerichtliche Medizin,Gerichtspsychiatrie-,psychologie

Keine Eingänge

14.Zivilrecht

Ochanowicz, A.: Die zivilrechtliche Verantwortlichkeit des Beschäftigten auf der Grundlage der jüngsten Rechtsprechung des Obersten Gerichts. Odpowiedzialność cywilna pracownika w swietle najnowszego orzecznictwa Sadu Najwyzczego [dt.] 46 S.
Aus: Państwo i prawo. 1956/5 u.6.
[Betr.: Polen.] ÜP 496

Genkin,D.M.: Sowjetisches Zivilrecht. Droit Civile soviétique [dt.] Rez. 5 S.
Aus: Revue Internationale de Droit Comparé. 1956/2. ÜF 8

Aus dem Institut für Rechtswissenschaften. Die Diskussion über den Entwurf des Lehrbuches des Sachenrechts. Z Instytutu Nauk Prawnych PAN. Dyskusja nad makieta podrecznika prawa rzecowege [dt.] 6 S.
Aus: Państwo i prawo 1956/12.
[Betr.: Polen.] ÜP 491

Wasilkowski,J.: Der Geltungsbereich des Zivilgesetzbuches der Volksrepublik Polen. Zakres kodeksu cywilnego PRL [dt.] 3 S.
Aus: Nowe prawo. 1957/2.

15.Urheber- und Erfinderrecht

Burlackij,F.(Burlazkij,F.): Der Autor und der Verlag. Avtor i izdatel'stvo [dt.] 28 S.
Aus: Kommunist. 1956/17.
[Betr.: UdSSR.] ÜR 900

16.Vertragssystem,Vertragsgerichtliches Verfahren

Militareva, Ju.E.: Die vertragliche Verantwortlichkeit sozialistischer Organisationen.Dogovornaja otvetstvennost'socialističeskich organizacii [dt.] 68 S.
Orig.ersch.: Voprosy sovetskogo graždanskogo prava.Pod.red.D.M. Genkin. 1955, S.5-41.
[Betr.: UdSSR.] ÜR 907

Spišiak,J.: Probleme der Organisation der Rahmenverträge. Zrušit či nezusit rácové zmluvy [dt.] 21 S.
Aus: Právník. 1956/10.
[Betr.: ČSR.] ÜT 394

Trammer,H.: Die Frage der Zulässigkeit von Schiedsgerichtsvereinbarungen seitens der Subjekte der vergesellschafteten Wirtschaft. Zagadnienie dopustczalnosci zawierania zapisow na sad polubowny przez podmioty gospodarki uspolecznionej [dt.] 11 S.
Aus: Państwo i prawo. 1956/5 u.6.
[Betr.: Polen.] ÜP 487

17.LPG- Recht, Bodenrecht

Chysky,J.: Das Rechtsverhältnis von Nichtmitgliedern, die in der Landwirtschaftlichen Einheitsgenossenschaft arbeiten. Právní poměr nečlenu pracujících v JZD [dt.] 16 S.
Aus: Právny obzor. 1956/8.
[Betr.: ČSR.] ÜT 373

18.Familienrecht

Keine Eingänge

19.Zivilprozeß(einschließlich Familienrechtliches Verfahren)

Pyszczynski,E.: Die Technik des Ermittlungsverfahrens in Mankosachen.Technika sledztwa w sprawach o niedobory [dt.] 12 S.
Aus: Nowe prawo. 1956/10.
[Betr.: Polen.] ÜP 483

Resich,Z.: Prozessuale Fragen in Mankosachen. Zagadnienia procesowe w sprawach o manko [dt.] 25 S.
Aus: Nowe prawo. 1956/7 u.8.
[Betr.: Polen.] ÜP 481

20.Arbeitsrecht und Arbeitsrechtliches Verfahren

Chelboun, E.: Die organisierte Massenarbeit der sowjetischen Gewerkschaften. Masová organisační práce sovětských odboru. [dt.] 8 S.
Aus: Odborár. 1953/16. ÜT 390

Koršunova, E.N.(Korschunowa,E.N.): Die Arbeits-und Erholungszeit der Arbeiter und Angestellten in der UdSSR. Rabočee vremja i vremja otdycha rabocich i sluzascich v SSSR [dt.] 67 S.
Orig.ersch.: Gosjurizdat, Moskau 1954. ÜR 932

21.Internationales Privatrecht

Keine Eingänge

22.Sonstiges

Aus der Abteilung Wirtschaftswissenschaft, Philosophie und Rechtswissenschaft. Otdelenie ekonomičeskich, filosofskich i pravovych nauk [dt.] 2 S.
Aus: Vestnik Akademii Nauk SSSR. 1956/10.
[Betr.: UdSSR.] ÜR 925

Aus der Abteilung Wirtschaftswissenschaft, Philosophie und Rechtswissenschaft. Otdelenie ekonomičeskich, filosofskich i pravovych nauk [dt.] 2 S.
Aus: Vestnik Akademii Nauk SSSR. 1956/5.
[Betr.: UdSSR.] ÜR 909

Ajnenkiel,A.: Die Plenartagung des Ausschusses für Rechtswissenschaften an der Polnischen Akademie der Wissenschaften. Posiedzenie plenarne Komitetu Nauk Prawnych Polskiej Akademii Nauk [dt.] 7 S.
Aus: Państwo i prawo. 1956/12.
[Betr.: Polen.] ÜP 493

Über Massnahmen zur Verbesserung der Ausbildung und der Attestierung der wissenschaftlichen Kader. O merach po upucseniju podgotovki i attestacii naučnych kadrov [dt.] 3 S.
Aus: Vestnik Akademii Nauk SSSR. 1956/11.
[Betr.: UdSSR.] ÜR 930

ALPHABETISCHES SACHGRUPPENVERZEICHNIS

Allgemeine Aufsicht des Staatsanwalts S.179,248
Arbeitsrecht (einschl.Verfahren) S.192,211,239,251
Außenpolitik S.173,197,228,247
Biographien S.218
Bodenrecht S.190,238,250
Buch- und Bibliothekswesen S.217
Dokumente S.223,245
Familienrecht S.191,210,239
Festschriften S.240
Finanz-,Steuer- und Preisrecht(einschl.Verf.) S.181,202,234,248
Freiwillige Gerichtsbarkeit S.210,239
Gerichtliche Medizin,Gerichtspsychiatrie,-
psychologie S.187,205,236
Gerichtsverfassung(einschl.Staatsanwaltschaft,
Justizverwaltung,Notariat,Anwaltschaft) S.178,206,236,248
Geschichte S.220
Geschichte der Staats- und Rechtstheorie S.172,227,247
Gesetzesmaterialien S.223,245
Handelsrecht S.209,238
Internationales Privatrecht S.194,216,240
Juristische Ausbildungs-und Prüfungsfragen S.216,240
Kartell- und Wettbewerbsrecht S.209,238
Kriminalistik S.187,205,236
Landwirtschaftsrecht S.210,238
LPG - Recht S.190,250,238
Marxismus-Leninismus S.171
Nachschlagewerke,allgemeine und bibliographische .. S.217
Philosophie S.218,246
Politik S.222
Rechtsphilosophie S.197
Rechtswissenschaft allgemein(Aufgaben u.Methoden).. S.171,226,246
Sonstiges S.194,251
Sowjetstaat u.Sowjetrecht, Inhaltsverzeichnis S.241,245
Sozialrecht,Sozialgerichtsbarkeit(einschl.Verf.) .. S.214,239
Soziologie, Staatslehre S.197
Staatsrecht S.176,198,230,247
Staats- und Rechtsgeschichte S.173,197,228,247
Staats- und Rechtstheorie S.171,226,246
Strafrecht,Strafprozeß S.182,203,235,248
Urheber- und Erfinderrecht S.189,208,237,250
Vertragssystem (einschl.Verfahren) S.189,250
Verwaltungsrecht (einschl.Verfahren) S.179,199,233,248
Völkerrecht S.173,197,228,247
Wertpapierrecht S.209,238
Wirtschaftswissenschaft S.219
Wörterbücher S.217
Zeitschriftenverzeichnisse S.169,195
Zivilprozeß(einschl.Familienrechtliches Verfahren). S.192,210,239,250
Zivilrecht S.188,206,236,249

Hinweiszettel

An unsere Leser!

Infolge technischer Schwierigkeiten wird sich die Auslieferung unseres Registers für den Jahrgang 1955/56 des Bibliographischen Dienstes „Staat und Recht“ um etwa 6—8 Wochen verzögern. Wir bitten, diese Verzögerung zu entschuldigen.

AKADEMIE-VERLAG GMBH